小吃研究所

帶著筷子來府城上課……

上冊

|王浩一・著|

自序

稱「小吃首都」，總要有人一槌定音吧！

書本寫美食，太多作家充滿內心戲。臉書寫美食，大多停留在自己的食量介紹。雜誌有時介紹一些餐廳大菜，我們又吃不到；報章有時介紹一些新奇食物，三個月後店家倒了；旅遊節目的主持人總是「搞笑與誤解」店家的美食，弄得那些店家「很受傷」，觀眾也啼笑皆非。我們開始思考「深度」哪裡去了？台灣沒有《孤獨美食家》般地探討「食物的四度空間」？

每個城市都有她特有鮮明的「味道」，包含美食品嚐、顏色印象、氣質韻味、市井聲響等等。當人們離開了一個熟悉的城市，遠赴他鄉，有一種鄉愁便常在味蕾之間巡航，那是一種甜蜜記憶，會癢，這種讓人夜半夢迴的過去美好的飲食經驗，總是繫著千里的相思！

所以，許多旅居外地的府城人，每當在不同城市街頭巷尾看到標舉著「台南小吃」的攤販，總奮不顧身地，想讓自己的味蕾如鮭魚般快樂返鄉，企圖讓自己莫名的鄉愁情緒，從美食之中得到滿足。當然，大家都知道這是很難的。離開本來期待滿滿的小攤，總忿恨地想著：「這麼簡單的肉臊飯，也可以煮得這麼難吃！」

文壇大老葉石濤筆下描繪的府城：「這是個適於人們做夢、幹活、戀愛、結婚悠然過日子的好地方。」這句話成了許多人移居台南的動力，也曾是一位市長候選人的競選主軸。我則曾學得葉老的經典名言，順著說：「這是個讓人深深感覺得到好吃、真好吃、什麼都好吃的幸福地方。」

府城的美食，其實是有一條看不見的歷史軸線，從荷據時期、明鄭時期、清領時期、日治時期，再到光復後，從大江南北到世界角落的美食都湧進來這座舊城，像是一道一道浪潮撲向岸邊。退潮後，一些東西遺留在沙灘上，證明了曾經存在的往年舊事。「美食就是生活文化歷史」，府城證明了這個理論。

荷據時期：除了甘蔗，「紅毛仔」荷蘭人也引進了水稻、釋迦、番茄，之外還有「豌豆」，而豌豆到現在台語都還稱之「荷蘭豆」，府城人今天稱之為「㮀豆仔」。還有哪些飲食文化遺留了下來？

明鄭時期：「國姓魚」虱目魚、蚵仔煎、意麵、蝦捲、魠魠魚……鄭成功除了出現在歷史課本之外，對於「吃」，鄭成功還有哪些遺漏在歷史的角落？我曾經應金門文化局之邀，說說「從金門、廈門到鹿耳門的美食」，也就是那個台南還在反清復明的時代，「漢文化美食」的開始。那個時期，台灣的美食從福州菜開始，偏甜、輕酸，也喜歡湯食，烹調方法上則以溜、蒸、炒、煨、燉最為常見。

清領時期：康熙二十三年，西元一六八四年，是台灣的「小吃元年」。到了清代康雍乾嘉年間，從閩粵兩省濱海郡邑，移來了更多的人民，這接踵而至的海客帶來更多家鄉文化甘霖，使台灣府的生活藝術達到豪華豐富的境地。帶有傳統性的台南小吃，品色自然增加了，台南於是享有「小吃首都」睥睨全台的稱謂。那時候「驕傲的府城人」，如何用食物取悅神明？如何在生活中吃吃喝喝？我好奇，也探索著。

那個時代在台南的官菜還是延續福州菜，仕紳之家也維持福州菜三大特色：糖醋、紅糟、海鮮。台南人漸漸內化了魚丸、老油條、魷魚、豬腰子、紅糟等等。到了一八五八年天津條約之後，許多中國海港被迫成了通商口岸，台南安平港也對外商開放了，因此台南與潮州（汕頭）之間的航線有固定來往機制，許多汕頭人來了，他們開始旅居府城，也帶進來家鄉的飲食：杏仁茶、沙茶醬與沙茶爐、豆花，甚至魚麵……更豐富了這座舊城的美食。

日治時期：經過明治維新的「阿本仔」來了，不同的飲食觀念和文化，台南人如何接受，又如何把它「轉換」成美味的台南小吃？蝦仁飯、鍋燒意麵、日式的氽燙活魷魚、味噌湯、壽司仔……還有屬點心類的麵包，紅豆麵包、奶油麵包、菠蘿麵包、土司……台南人也開始喝牛奶、吃牛肉、飯後吃水果，不要忘了還有街頭紅豆泥小販，高級日本料理亭有了布丁，那是府城人心目中的極品甜點。

光復後：大江南北的「外省仔」，又帶來新的一波飲食衝擊，更多的文化元素進城了，台南人如何消化它？麵條、水餃、包子、饅頭、山東大餅、槓子頭、酥燒餅、鍋貼、煎麵、小米粥、韭菜盒子……也有豆花、臭豆腐、手工魚麵、水煎包、四神湯、川味牛肉麵……這些，統統進了府城老饕肚子裡。但是，特有的府城小吃文化又是如何改造它們？包容它們？

二〇〇七年，我寫了《慢食府城》，受到重視，添加歷史香料的台南小吃，更加轟動了，許多外地人開始按圖索驥，攪沸了這座老城樸靜的生活節奏，從此我的府城朋友開始「恨」我，因為他們常去的小吃店，現在都有觀光客在排隊了，而且書本裡那些店家，國稅局都去「拜訪」過了。近年來，府城人漸漸養成了一個習慣：「假日不去那些店家，就把座位讓給觀光客，平日再找時間饗食吧。」府城人還是不耐排隊，但是他們也多了一些想法：自己的私房味，私下強力捍衛，不讓外地人知道。如果，領著外地朋友去品食，要求簽「切結書」：不准寫臉書、打卡、甚是寫在書本中。

時間很快，出版《慢食府城》迄今，八年過去了，對於府城小吃的寬度與深度，我有更多想法與探索。近幾年，「研究所」的升級版觀點成了這本書的主軸：「不僅要知道什麼好吃，更要知道為什麼好吃。」以食材為經，以文史為緯。於是我說：「來府城上課吧！」

對於府城這些經典老店或是那些排隊名店，之所以美味，一定有潛規則與硬道理。對於許多百年老店，能夠久久屹立不搖，相信裡面一定有神祕的美食密碼。對於要成為一位美食家，除了多吃、能吃、仔細吃，還要知道什麼是「食之理」、「味之道」，也要了解火候、食材與五味的平衡美學。我們不見得要開店，但是在每一口吃下之際，所有味蕾都張開時，頭頂有了光圈，哈里路亞！你會發自內心的感激，給這些師傅們，掌聲！

我們也一起往「食育」方向努力！這也是《小吃研究所》希望傳達的。

目次

小吃研究所：帶著筷子來府城上課——上冊

學分二——在來米也是美食大戶

學分三——豚食，豐腴與豐盛之間的美味

學分五——果子與豆子的甜言蜜語

學分六——限季或限量，買不到，也快樂！

學分一——糯米的節慶故事

古神話中有一對姊妹，姊姊羲和生了十個兒子，謂之太陽，每天羲和駕御著由六條金龍奔馳的漂亮華車，由不同兒子輪流與母親橫越天際。一天，十個兒子吵著要一起登車，天上便同時出現了十個太陽，酷熱難當。於是后羿射下九個太陽，就是我們所熟悉的故事「后羿射日」。而妹妹常羲則生了十二個月亮女兒，每人輪職夜空三十天，這就是「一個月」的由來！十二個月亮分別輪職一次，則是一年。

先民的二十四節氣計算依據，不是跟著月亮，而是跟隨太陽公轉的「陽曆」，據以日照長短，四季輪替，農家莊稼作息、耕耘收藏。以月亮為計算基礎的「陰曆」，因為初一、十五朔望圓缺，多用來「紀念日子」。時間逐漸累積信仰，遂有好日子、惡日子的區分，尤其是吉慶祥瑞的好日子，祭祀珍惜，根據重祭薄儀式，神案有了種種祭品。

衍生的「民間習俗」，成了族群生活中的習慣，「歲時節俗」是大時序，故有因應四時耕作的節氣之儀，崇敬自然的萬神之禮，還有神祇人鬼的敬天法祖。「生命禮儀」則是小時序，從滿月酒禮、周歲度晬、成年換摜、兩姓合婚、六十起壽、百年歸山……這是由生到死的迎接與送別。

像是「秋收謝平安」，往往以新米釀酒、蒸飯、打粢粑、做粿來當是祭品。這些吉慶遵時的禮俗，祭品多是用糯米製成。有文化意涵，也反映糯米在米麥的營養價值中較高。

糯稻，是稻的黏性變種，在秈稻和粳稻品種中都有。漢朝之前，我們祖先已經有了糯稻。這種脫殼的糯稻在中國南方稱為「糯米」，北方則多稱為「江米」。一般糯米分成長糯米、圓糯米。長糯米即是秈糯，米粒細長，顏色呈粉白、不透明狀，黏性強，適合做粽子、油飯、大腸花生糯米等看得到粒粒米珠的小吃。另一種圓糯米，屬粳糯，形狀圓短，白色不透明，口感甜膩，黏度稍遜於長糯米，適合磨漿，做成各式粿類，如年粿、紅龜粿、麻糬等等。

隨著節令，有年節供祭之物：上元之「元宵」、清明之「 薄餅」、端午之「肉粽」、七夕之「糖粿」、中秋之「月餅」、重陽之「麻粢」、冬至之「菜包」等等。我們逐一來認識這些美食，明白它們與吉祥節慶的關係，也來品食鹹甜參半的府城糯米滋味。

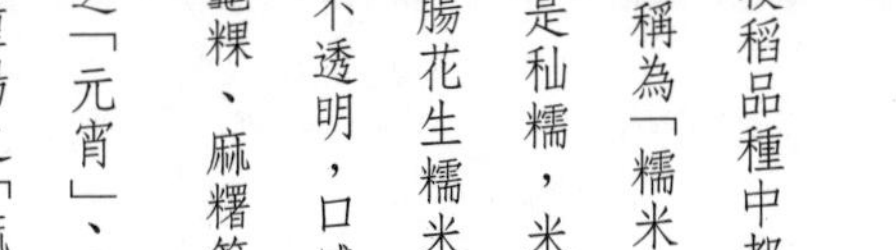

年粿。

第一堂

一月一日春節，糯米所製

故事發生在春秋末期吳越之爭，伍子胥奉吳王闔閭之命創建了姑蘇大城，就是今天的蘇州城。江南大城建設完成，吳王與百姓興高采烈，只有伍子胥憂心告誡「城池若水，可載舟也可覆舟」，可禦敵卻也可能被圍困。他告知他的手下，在「相門」城垣角落，有他偷偷埋藏的米漿乾化所塑型的「米磚」，萬一，有一天蘇州城被圍困多時，無糧可食，把它挖出來，重新炊蒸後，即可食用救急。

白糯米漿與紅糖，加入些許的蜜紅豆就是最受歡迎的美味

後來的吳越戰爭，米磚真的派上用場，解困了百姓易子而食的悲劇。於是百姓每年會在春節之際，炊製「糯米磚」，謝謝伍子胥的遠見與救命之恩，久之，成了我們迄今仍然遵守的習俗。年粿年年祭拜，只是我們忘了典故。不同的是，現代人過年時講究團圓，年粿的造型多以改成圓形。

台南的開基天后宮廟埕前有一老餅鋪「舊來發」，每到過年前，老磚灶開始起火，大鍋炊蒸，百年老店堅持以柴火竹籠古法，長時慢炊十層的年糕蒸籠，味道醇厚雅韻十足。是時生意鼎盛，全省各地訂單飛來，第五代、第六代通宵忙碌，第七代尚幼，也偶見身影。

舊來發年糕有三味：原味、黑糖、蜜紅豆，十五公分多直徑，炊透冷卻，最後印上圓形店號，

開基天后宮廟埕前的老餅鋪，店面陽春，糕餅評價就是破表

秀色好看。我家過年都是以此祭祖，與插著「飯春」的發糕，在神龕上壓歲祈福。

一天一爐，一爐十籠，一籠十四個，農曆十二月廿四日送神當天開始磨漿、炊蒸，共製六天，也就是說每年只有八百四十個年粿。應能理解，如此老店的年粿供不應求。

- 舊來發餅舖 -
台南市北區自強街15號
06-225-8663

春酒。

第二堂
三月三日上巳，糯米所釀

這天也是古清明、寒食節，至於稱之「上巳節」（古老風俗，過去指的是三月的第一個巳日）。這個節日名稱，你可能陌生，但是你應該知道王羲之「曲水流觴」的典故。三月三日，天朗氣清，惠風和暢，擔任會稽郡太守的王羲之，和一群好友到溪邊沐浴春水，那是祓禊的日子，祓除疾病，修整淨身。後來王羲之一群人在竹林溪畔，「崇山峻嶺，茂林脩竹；又有清流激湍，映帶左右」，所以曲水流觴，眾人喝酒遊樂，微醺

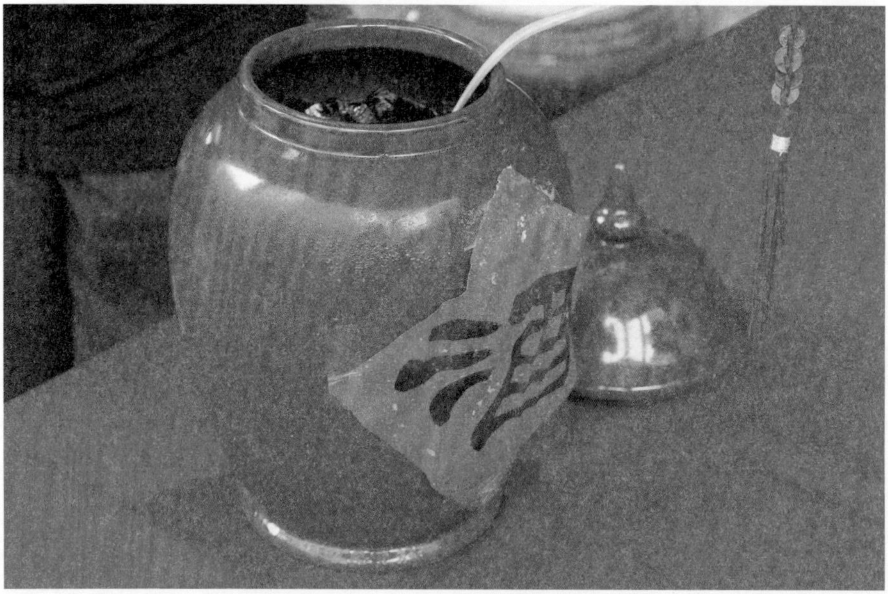

三月三日上巳節，以白糯米釀造的紹興酒是不可或缺的一項元素

的他提筆所寫下的〈蘭亭集序〉，成了史上最著名的行書。而那一次所喝的春酒，即是精白糯米與鑒湖水所釀的紹興酒。

《論語．先進第十一》有敘述孔子與弟子們在暮春時，在「沂水」樂道逍遙，「暮春者，春服既成，冠者五六人，童子六七人，浴乎沂，風乎舞雩，詠而歸。」孔子沒有喝酒，到了東晉王羲之等人，他們開始喝春酒了。

如果你常看日本電視的美食節目，裡面常會強調添加「老酒」調味。老酒就是紹興酒，是黃酒的一種。南宋高宗南渡建都會稽，年號紹興，後來將會稽山陰（北坡）地方改稱為紹興府，將原有之山陰甜酒改稱紹興酒。水質與酒的品質息息相關，「米者酒之內也，麴者酒之骨也，而水為酒之血。」埔里所釀的紹興酒名聞遐爾，也是與埔里的好水關係密切。

台南「施姓大宗祠」，每年上巳節前夕，總會發帖邀請府城鄉親集會，思古幽情。是日報到後，以毛筆簽名，主辦單位發給每人一只白瓷酒杯，自行保管，活動在絲竹聲中開始，眾人會濡墨揮毫。閒者如我，則會自行到酒甕處用竹杓打酒小酌，陶甕外貼上紅紙酒字。當天的備酒即是紹興，古味盎然。

—施姓大宗祠—

台南市中西區海安路二段79巷23號

肉粽。

第三堂

五月五日端午，糯米所煠

這故事容易，就是詩人屈原投汨羅江自盡，百姓不捨魚蝦吃了他的屍體，用竹葉包裹糯米，炊煠之後投入江水，誘使魚蝦來吃而保全屈原遺骸。人們不捨如此忠良，用最聖潔尊貴的精白糯米製成粽子，向已經昇華為水神的屈原祭祀。時間久遠，各地利用當地食材，根據飲食習慣發展出各式口味粽子，這真是美好的傳承。

台南有許多粽子專賣店，多頗負盛名，像是

滋味醇郁的肉粽以及Q彈沁涼的鹼粽，都是端午佳節最佳應景美食

楊哥楊嫂肉粽店、遠馨阿婆肉粽、阿伯肉粽店等等，甚至盛名最久遠的「再發號」老店都是佼佼者，不需多綴。但是，台南舊城一些美食小吃店家，他們每到端午也會販售著自家獨味的粽子，不僅不俗，而且出類拔萃。特別介紹兩家，一家肉粽一家鹼粽。

「阿美」位於「東市場」青年路一六四巷口，平日賣著鳳梨酥、魯麵，還有香氣四溢的古法雞蛋糕。可是當端午近了，便開始包粽子，完美內餡比例搭配，也是一般帶有肥肉的滷肉、大片香菇、鹹鴨蛋黃等等，可是卻是口感滋味醇郁。我近二十年吃了不少台灣頭尾和府城老店各式粽子，有飯店豪華版的，也有名家私房版的，目前卻專情這味庶民尋常無奇的精采肉粽美食。

至於Q彈沁涼的「鹼粽」(有人稱之粳粽)，

則是位於公園南路（位於忠義路與公園路之間），沒有店名的鍾家春捲小攤，也是端午前夕，老饕便雲集此攤，一爿黑瓦小店，屋內全掛滿了一串串煮過的綁牢粳粽，好看，壯觀。竹葉裡米粒稍呈黏糊狀，口感近似粿的粽子。一般不包餡，本身僅有米味，和天然生物鹼的鹼水味。買回自己沾糖粉，或像我多以龍眼蜜佐著入口下腹。

近年，我也吃了他們家的紅豆粳粽，紅豆不先煮過也不加糖，整顆完整新鮮紅豆與鹼味糯米以竹葉包裹後，一起下鍋，大火煠得軟爛即可，紅豆香味全然鎖住在粽內，配著蜂蜜或楓糖，真是人間好味道。

—楊哥楊嫂肉粽店（慶中總店）—
台南市中西區慶中街41號
06—214—1742

—再發號肉粽（總店）—
台南市中西區民權路二段71號
06—222—3577

—遠馨阿婆肉粽—
台南市中西區南寧街56號
06—213—7821

—阿伯肉粽店—
台南市中西區友愛街91號
06—226—5307

—阿美鳳梨酥鋪的肉粽—
台南市中西區民權路一段88號（東市場口）
06—226—9102

—鍾家春捲小攤的鹼粽—
台南市北區公園南路129號

第四堂
七月七日七夕，糯米所炸

七夕情人節，說的是牛郎與織女的故事，裡面有一對相戀的情人，有金牛星下凡的老牛，也有不喜女兒私下下凡甚至生下一兒一女的父母。爸爸是玉皇上帝，媽媽是西天娘娘，父母拆散這對情侶，後來同意他們一年一會，之後又衍生銀河、鵲橋等等浪漫的故事元素。百姓也是浪漫的，他們在七夕當天除了有諸多祭品，也有鳳仙花，說花汁是要給織女染指甲用，纖手美美地去會情郎。他們還會奉祭「軟粿」，即是「白糖粿」。

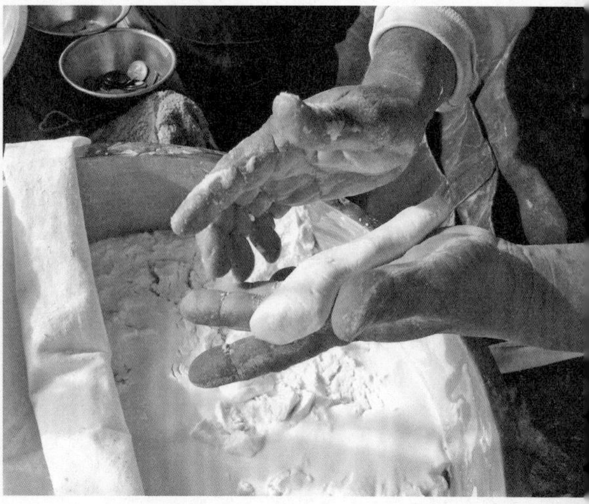

現做現炸的白糖粿，是秋涼時節最有幸福感的散步點心之一

美食做法：糯米先製成像圓仔粹的米漿體，搓成元宵大小，壓扁成柿餅狀，再用拇指把中間的地方按出低窪盆地（不要穿透），油炸之際會膨脹，熟了後瀝乾油，沾白細糖粉與花生粉。說道：「七娘媽，這是給你裝眼淚的！」古人富想像力，織女與牛郎剛見面一定會有幾滴喜悅的清淚，可是再度分手時，肯定梨花淚水不止，所以有了這個浪漫美食。可惜，現在七夕少人祭拜。但是中秋後當天氣轉涼，街頭小販有人賣起這個白糖粿，只是形狀已改成長條，方便就食。

這種白糖粿是我心目中府城十大街頭甜食之一。冬風初起，在街頭咬著現炸的熱熱糯米捲條，沾滿白細糖和郁香的花生粉，幸福感十足。本來是七夕的祭品，成了府城特有的散步甜食。與時俱進，果然在守舊的府城也發生著。

在澎湖有一種甜食「炸棗」也神似，球狀的紅豆餡或花生餡，包入糯米漿粹之中，搓成棗子大小球狀，整個再沾黏滿滿芝麻，入鍋炸過，漸漸膨脹，熟透即可。這是澎湖的神明壽誕慶典或是結婚時的贈禮美食，現在也成了平日甜點，離鄉在外的澎湖人可是深深懷念這道家鄉味呢。另外，彰化街頭也有「糯米炸」小攤，不像府城搓成長條，也不像澎湖的球狀，他們直接把整團糯米漿粹一小塊一小塊，撥入油鍋，所以炸起後呈不規則，也是沾花生糖粉吃，口感外酥內嫩，像是麻糬。只是這個彰化美食究竟緣起什麼節慶，已不可考。

一趙家愛玉冰／白糖粿小攤一
台南市中西區民族路二段258號前

麻粢。

第五堂

九月九日重陽，糯米所炊

這一天也是敬老節、登高節。《西京雜記》載，漢代有九月九日吃蓬餌之俗，「九月九日，佩茱萸、食蓬餌、飲菊花酒、食人長壽。」「食蓬餌以祓妖邪。」餌即古代之糕。道教神祇之中南斗星君管生，北斗星君注死，意思是人的陽壽長短由他倆決定。

所以，重陽當天，凡是家中有長者總會到廟中祈福，馨香禱祝老人家的生命可以「又長又壽」，而壽麵與麻糬都是可以被延展成「又長又

俗稱「麻糬」的麻粢做法、餡料不盡相同，卻同樣滋味綿長

瘦」的食物，於是糯米炊成的好吃麻糬，就成了重陽祭拜時的重要供品。這種美食，老人家最好盡量少吃，但是我們可以大快朵頤。

台南的「全台首廟天壇」香火鼎盛，後殿神龕祭祀著南斗星君與北斗星君，也是祭拜者眾，尤其重陽當天更是香客絡繹。同治時期古地圖顯示，天公廟旁的小巷當時舊街名還稱之「麻粢巷」（麻粢，現在多稱之麻糬），可見早年風氣與專賣麻糬店家的興盛。目前，台南僅剩一家「福樂屋麻糬」近這座天公廟，在忠義路上，往天公廟的巷子口對面。現做的手工麻糬，依然得有老饕掌聲，但是福樂屋的冬天草莓大福與夏天芒果大福，名聲早已超過傳統麻糬古早味了。

在保安市場二樓的「阿華粿鋪」古早粿專賣店，有好吃的古風「豆糬」——包著綠豆的麻糬，

糯米的甜香與黑芝麻、花生的馨香，是不敗組合

人氣指數蠻高的。說明一下這種現做的麻糬，那是麻糬裏包著花生、芝麻粉後，再加入大量略甜的綠豆泥。客人可以指定甜度：無糖、少糖、半糖或全糖：糖度多寡由添加的花生糖粉決定。我多選擇半糖的，更能品嚐出綠豆的綿香味道。

這類的粿、麻糬等等，老府城人都統稱它們是「鹹軟咪仔」。

—福樂屋麻糬—
台南市中西區忠義路二段113號
06—221—2727

—阿華粿鋪—
台南市中西區郡西路35號（保安市場二樓）

紅龜粿。

第六堂
神明所生，象徵長壽吉慶福氣官祿

紅龜粿，客家人稱之「紅粄」，是閩南人、客家人、潮州人等節慶祭祀的糯米美食，在台灣、福建、廣東、馬來西亞依然流行。這種扁平巴掌大的紅色米粿，甜甜內餡有紅豆、花生，豆沙等，也有鹹味的。好看的木製雕刻粿版，多是龜殼圖案，象徵長壽、福氣，官祿。

其實，這個熟悉的紅龜粿做工煩瑣，糯米先浸水一夜，磨成米漿，脫水之後成了「米粹」，這時要開始費力地將其揉捏出韌黏感，再取出一部

兩個紅圓相連，那是紅圓 2.0 版「相連糕」，外婆饋贈專利禮

分先蒸熟，成了麻糬狀稱之「粿粹」，熟的粿粹與生的米粹一起揉壓混合，不斷進行就是為了增加黏性與口感韌度。此時，加入「紅花米」於米糰中，將其染成喜氣的紅色。所謂「紅花米」就是一種菊科植物，早年的紅色食用染料（現在多以食用紅色六號色素取代）。

一切主料與餡料備妥之後，每次取出大小適當的糯米糰，包入餡料，再把它放入粿印，用雙手指腹壓平，也壓出龜印圖案，將背後抹油平放在香蕉葉上，古風十足。之後再一一置入竹蒸籠平放，以灶上大鼎水氣蒸熟。口感像是麻糬，Q勁軟嫩。

「金加紅龜店」位在府城「山埔頭」邊，與總爺街平行的光華街上，迄今已六十多載。獨到製「米龜」工夫已由第三代媳婦脈承後繼。米龜因其製作以「圓糯米」磨漿而成，異於麵粉製成的「紅龜」，所以稱之「米」龜，又二者外型均製如龜背（米龜上還有粿印板押印圖案在上面，而紅龜則背鼓如龜形），但米龜造形扁平，另名「扁龜」。

由於米龜用途甚廣，小孩滿月、週歲、做十六歲、拜天公、年節祭祀均需供此傳統美食，加上製作不難，三、四十年前民間多能自製自給，家家都傳有粿印板。粿印板為一有手把之長方形木板，板面上刻有龜殼角紋，中間嵌有「福祿壽」或「壽」字。金加紅龜店內的粿印板雕工精緻，圖案細膩，下次吃米龜前，不妨看看這紅色龜背上藝術作品。

—金加紅龜店—
台南市北區北華街113號
06—229—4996

—阿華粿鋪—
台南市中西區郡西路35號（保安市場二樓）

—寶來香餅鋪—
台南市中西區水仙宮市場內
06—227—6886

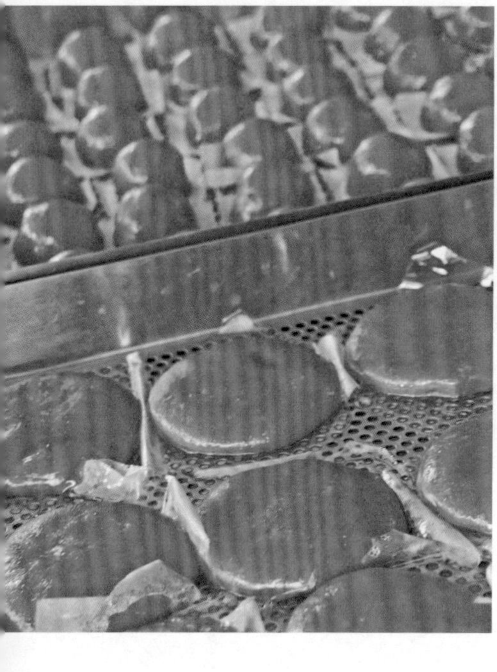

紅圓甜點。

第七堂
老府城人
特有的嬰兒滿月習俗

根據古禮，當初生嬰兒滿月時，有「滿月酒」習俗。「小規模的」會邀請親友來吃雞酒、油飯；「大規模的」則是訂席宴大請賓客。

除了請客，這個「彌月之喜」還有一些細節：準備彌月油飯、紅蛋、蛋糕餽贈親友。小嬰兒的外婆則要送「頭尾禮」。所謂頭尾就是嬰兒從頭到腳所需的，指帽子、衣著、鞋襪等等，甚至手環。如果講究，這些衣服背後都會繡上「卍」字，象徵保平安。另外還要送外嬤圓、紅龜粿、

府城紅圓有兩種，其一是麻糬類，其二是饅頭皮染得透紅

紅桃等等，這叫做「送庚」。嬰兒家則會以油飯、雞酒、紅蛋為答禮。其實，在一間百年餅鋪看過外觀紅咚咚的「相連糕」，那是長得像「8」兩個連在一起的圓糕，也是外婆所要饋贈的，有鼓勵「再生一個」的相連意思。

台南人也會以「紅圓」祭祖，告訴列祖列宗「我們家添了一位已經滿月的娃兒了」。紅圓，顧名思義就是「紅色的大圓」，象徵有福氣的滿月。我喜歡這種不印上龜紋的單獨圓球，府城人也稱「紅圓」為「米圓」，這種像是麻糬的傳統糯米美食，與紅龜粿相同，是用「熟的粿粹與生的米粹」一起揉壓混合的粿料，內餡有紅豆沙與豌豆黃兩種，其中豌豆黃，口感細綿，甜而不膩，宜人好吃，佐以熱茶一盞，歷史古風盡在頰齒間。

前人還有一個有趣的小男嬰滿月習俗：「喊

豌豆黃紅圓，堪稱「府城十大街頭甜食」

鵖鴞」。所謂鵖鴞就是老鷹。找來哥哥或姊姊背著小娃娃到戶外，繞行房子一周，手中還要拿著趕雞用的杆子，邊走邊喊「鵖鴞飛上山，囝仔快做官；鵖鴞飛低低，囝仔快做爸；鵖鴞飛高高，囝仔上狀元。」這是台語發音版。事後背人的哥哥或姊姊，可以獲得一隻雞腿。

位於西門路二段一號的「永合香餅鋪」，當天做的新鮮紅圓，如果你買來試味，請試試餡料是豌豆黃的紅圓，它是我的「府城十大街頭甜食」之一。

—永合香餅鋪—

台南市中西區西門路二段1號

06—223—5341

湯圓與菜包。

第八堂
冬至時，台南人的心頭好

秋收，冬藏，謝平安！有些地方會以新米釀酒，蒸飯或是打粢粑，也會做粿祭祀。冬至吃碗湯圓，許多人總記得小時候阿嬤都會說「呷了湯圓多一歲」。為什麼這麼說？不知道，長大後總會幻想，如果不吃，那今年就不增長一歲！漢武帝之前，我們的祖先是以冬至當天當是「過年」，之後才改為春節當是跨年，阿嬤的阿嬤的阿嬤的阿嬤她們就這樣掛著這句話，傳承超過兩千年，真驚人！其實，這都是源於「冬至的

用麻糬皮包成的古早味大菜包，是台南冬至除了湯圓以外，另一種美味選擇

恐懼」集體潛意識……來自黑夜的極致。

冬至時，台南人說「冬至當然要補一下。」不僅吃湯圓，還有一種以糯米磨成米漿，壓榨多餘水分，成了「圓仔粹」（又稱粿粹），然後在爐灶以大竹籠炊蒸成超級麻糬，冷卻後，再捏搓成小丸，壓扁，放置在一座圓形、中間有凹陷的木製砧板上，攤平的麻糬中間擺上多樣煮熟蔬菜（有高麗菜、芹菜、香菇、豆乾、紅蘿蔔、酸菜、豆皮、菜脯等素料內餡），和非常重要的花生粉糖，然後左右合攏，包成了胖胖的半月形狀。最後印上像骰子的四個紅點，象徵「賜紅、賜福」，即可食用……當然，要先祭祖和神明才行。

台南許多傳統市場，像是鴨母寮市場、保安市場、東市場、水仙宮市場等等都有攤位，販售這種冬至應景美食，生意昌隆。這天，位於

北區北華街的「金加紅龜店」，則是老客人歸隊的時刻，許多台南人總講究吃了菜包才算過節。

我呢？總有世居台南的好友，他們會自製好吃的阿嬤口味菜包，我多能分享到幾顆過節。他們的菜包底部抹著薄油，放置在茄苳葉上，可以一起入口，茄苳嫩葉有特殊香氣，滿搭古早味菜包。我曾在台南後壁區的菁寮吃過菜包，他們則是以半熟的高麗菜葉當是底襯，也是可以共食。

—金加紅龜店—
台南市北區北華街113號
06—229—4996

油飯。

第九堂
祭祀床母和七娘媽，油蔥肉香馥郁的古早味

台南傳統信仰中，「床母」是嬰兒神，七娘媽則是兒童守護神。七夕當天是「床母生」，也是七娘媽的生日。習俗中，台灣人將十六歲以下的孩子稱為「花園內」，均受床母的保護，也受七娘媽的眷顧。台灣以七娘媽為主神的廟宇，有台南市的開隆宮與雲林縣水林鄉的七星宮，其中以開隆宮在七夕的「做十六歲」最著。

七夕「做十六歲」的祭拜儀式，過去都在黃昏時刻供祭，此時天色將暗，不久織女與牛郎將

傳統市場飄來油飯馥郁的油蔥肉香，總是令人駐足流連

相會。供品除了白糖粿（軟粿）、鳳仙花之外，還有圓仔花（即千日紅，為祈求多子多孫）、雞冠花（為祈求子孫有功祿）、茉莉花、樹蘭、胭脂、白粉、雞酒、油飯、牲禮、圓鏡。請注意，有「油飯」這一項！

其實，先民有如此信仰，是不難想像的，過去醫學知識不足，醫療能力有限，從出生到長大成人，充滿未知的「不測」，因此兒童週歲後，祈求天上神明庇佑，那是一定要的。於是祈求七娘媽，並以古錢或銀牌、鎖牌，以紅絨線串成絭，懸在兒童頸上。父母並為孩子許願，如果子女能順利長到十六歲，必至廟中還願。等到子女滿十六歲，則於七娘媽生日這天「脫絭」，祭拜還願，答謝七娘媽的庇佑。而糯米「油飯」供品也成了講究而慎重的美食。如同「紅圓」習俗一樣，嬰兒出生滿一個月稱之為滿月或是彌月，除了紅圓，許多人會以油飯當是供品，敬神祭祖，也當是告之眾親友的贈禮：「我們家的小朋友已經滿月了……你們可以送禮物給他了」。

油飯做法，先將長糯米洗淨，浸泡約兩個小時，之後放在蒸籠炊熟，直到米芯完全透明。熱油鍋，以紅蔥頭與蝦米爆香，再置入香菇絲、魷魚片、豬肉絲拌炒至熟。倒入醃漬豬肉的滷汁與五香粉等等調味，最後將糯米飯及小量水以小火拌炒，湯汁收乾即可起鍋。然後再以中火回蒸十分鐘。食前，撒上適量香菜段子即可。

台南的東市場裡有一專賣攤「美鳳油飯」，糯香已有三十五年，非常精采。水仙宮市場內，也有一爿「韓氏古早味油飯」專賣鋪，每每路過此店，總忍不住買一小盒滿足自己的胃，享受馥郁油蔥肉香的古早味油飯。

韓氏古早味油飯
台南市中西區神農街12號和10號對面（水仙宮市場內）
06—228—1832

美鳳油飯
台南市中西區青年路164巷28號（東市場內）
06—226—4525

麥芽糖。

第八堂
過年了，臘月二十三用來黏灶神的嘴

關於古代祭灶神的習俗，臘月二十三日過小年，這天晚上家家祭灶王，天色甫變暗，家家戶戶的鞭炮就響了起來，隨著炮聲把灶王的紙像焚化，稱之「送灶王上天」。祭品除了酒之外，就是麥芽糖了，傳說用糖黏住灶王的嘴，他到了天上就不會向玉皇報告家裡的壞事了。於是，有人用長條狀的麥芽糖當是供品，有人更厲害，直接把麥芽糖塗抹在繪紙上灶王的嘴巴上，讓祂老人家有口難言。

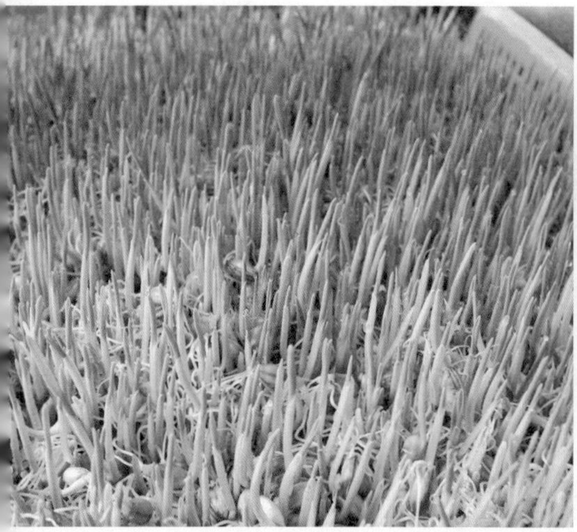
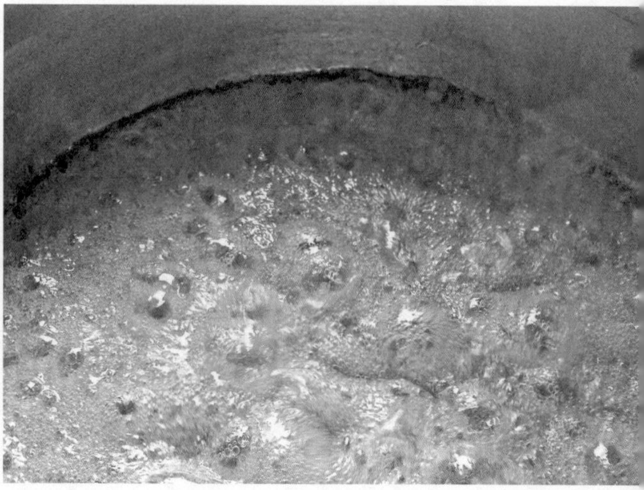

用圓糯米以及麥芽熬煮而成的琥珀色麥芽糖，是許多大小孩心中最佳點心

古代的人吃甜，先是蜂蜜，後來才是麥芽糖。稱之「麥芽」糖，那是真的有麥芽，一般說來，植物種子在發芽過程中會產生糖化酵素，這種糖化酵素會把澱粉水解成麥芽糖。

傳統的麥芽糖做法，便是將圓糯米浸過，再與八公分長左右的麥芽（事先剁碎）一起熬成「麥芽糯米粥」，熄火，靜置，保溫，經過一夜發酵，直至轉化出汁液。之後濾除米渣，剩下湯湯水水是主料。用大火重新煮沸，接著改為小火，撈起不斷浮在鍋上的餘渣。這個時候鍋內的水分慢慢變少，糯米澱粉卻神奇地轉換成麥濃稠糊狀，冷卻後即成琥珀色的麥芽糖。這一趟工，又過了四個小時。

麥芽糖的英文稱為Maltose或是Malt Sugar，古時則稱為「飴」，《說文解字》說「飴，米櫱煎也。」這說明了古時麥芽糖是由米所熬煮而成。古代麥芽糖的名稱很多，除了「飴」，還有「慵」、「倀惶」等等。漢代時，民間熬製麥芽糖已經相當普遍。然而，我過去從沒看過甚至想過麥芽糖的製作方法。因為書寫美食的關係，得有機會訪視了「新順發行」。可以用「大開眼界」形容首次採訪，也深深訝然古人的智慧。

時間回到日治時期，因為糖類都要管制公賣，民間在送灶王時已少有人以麥芽糖當祭品了，反倒是拿它「藥用」。根據「新順發行」盧老先生介紹的做法：以麥芽糖沖牛奶加顆蛋黃，據聞有保護氣管和潤喉之效。另外，一斤麥芽糖、四兩肉油、十六顆蛋黃，以文火攪拌到滾沸即可，頗費時的，所熬成的「麥芽糖蛋漿」，可塗抹在饅頭或土司上，聽說，效果更佳。

當時聽聽他所介紹的「祕方」，隨手筆記下來。沒想到幾年後，有一位台南美食家，根據她母親的食譜，親手慢火熬制，我也分得了一罐「麥芽糖蛋漿」，學著塗饅頭抹土司，真是異常美味適口。就這一次難得美食經驗，驚豔，此味只應天上有。

—新順發行—

台南市北區北忠街136號

06—222—7787

麻荖與米荖。

第九堂
正月初九拜天公不可或缺

麥芽糖又稱為「飴」。所以當你吃著「新港飴」，立刻知道它裡面含有麥芽糖，也知道許多傳統糕餅或多或少都有麥芽糖，「荖」也是如此。

關於「荖」，這是閩南地區專有的傳統甜食，尤其是大年初九的天公生，它可是重要祭品。這個看似胖胖的球狀或是冬瓜長條狀，因為裡面幾乎是中空的，成了傳統糕點之中特殊的形態。一口咬下，量體立刻變小，再來是香味撲鼻入舌，

閩南地區專有的傳統甜食「荖」，融合酥脆與黏稠口感，是最受歡迎的傳統甜食之一

外皮酥脆的口感與麥芽糖的黏稠感，成了有趣的咀嚼經驗。從傳統到現在，「荖」一直都是受歡迎的好滋味茶食。

荖，最外層是膨脹過的酥脆米粒，或是手工細炒的白糙麻；中間部分是麥芽糖；最裡面的部分則是蓬鬆的「糯米糰」。許多人吃過這個東西，卻鮮少人好奇，這個出奇酥脆的海綿球的食材為何？甚至是研究它是怎麼做成的？

我們來說說傳統的工序：首先在糯米粹中加入熟山芋，混勻，再像搓湯圓般，分別搓成小丸子或是小棍狀，半陰乾半烘乾。第二部分工作，用豬油炸過，使它膨脹成空心海綿體的球狀，或是長圓狀。撈起，瀝乾，冷卻。第三部分，將冷卻了的小球翻滾，均勻裹上熱熱的拌了豬油的麥芽糖膏。完成這個工序者，一定是店家的老師傅，他如何掌握裹上糖漿的厚度，是美食適口重要關鍵。太厚、過甜則會而生硬；太薄，則不易沾黏外層的白色米乾或是芝麻粒，甜度不足，口味差外觀也差了。

「信裕軒」是台南的老餅鋪，創業於日治時期大正年間，當年的「黑糖椪餅」經由松山森之助（日治時期首席建築師）多次青睞，成了台北人對台南美食印象深刻而美好的伴手禮。他家的荖是以「棕櫚油」炸之，糖漿是麥芽糖與葡萄糖共熬（不用肉油），素食者可食。我鍾愛他家的烘焙加州杏仁薄片，混著最精采的黑糖結晶片的「杏仁荖」。特別說明「黑糖結晶片」：以高礦物質的黑糖，文火輕熬，煉製過程之中要不斷撈除浮在糖漿上層的雜質，俟等結晶成褐棕色的細片，味道香醇，細嚼之有小清脆的感覺。

—信裕軒餅鋪—
台南市中西區民族路二段389號
06—228—5606

學分二——在來米，也是美食大戶

在來米是秈稻，「稻」的亞種，米粒較長，黏性較差，需要長日照，耐熱，耐日光。宋朝第三任皇帝宋真宗，引入暹羅（泰國）良種水稻，於是在來米作物產量倍增。加上這段「咸平之治」期間，北宋農家鐵製的犁、鋤、鍬、耜、耙、鏟等等農事工具製作進步，土地耕作面積近兩倍成長（太宗至道二年，九九六年，耕地有三億多畝）。稻米產量增加，國家有錢了，百姓也富足了。本來一般人家一天兩餐，自此有些人家開始一天三餐了。軟性歷史改變了。

秈稻不是台灣原生種，是明末時期從福建傳入台灣，在荷據時期、明鄭時期到清領時期，甚是日治時期一九三〇年前，都是我們先民的主食。簡單地說，在來米在主食的地位，盤踞前後總共約有兩百九十年的時間。

據說是鄭芝龍年青時，擔任荷蘭人翻譯後，轉到笨港（今北港與新港地區）加入顏思齊海盜集團。二十二歲時，顏思齊猝死，鄭芝龍成了新的海盜頭子，開始經略笨港地區，從故鄉引進在來米在此地區「首種」。有人根據此傳聞，稱鄭芝龍為「台灣的在來米之父」。

不管「在來米之父」是誰，一九三〇年前，台灣先民以在來米為主食是事實。因此，你也能理解那些時期的「米食點心」一定是在來米所製，非蓬萊米。所以，這一篇小吃主題「在來米美食」都有些古早味。

往下看之前，先瞧瞧「美食前提」，它們多是磨成米漿再二度加工，或是調味後再加熱製成粿類，增加滋味也改變口感。加工改變形狀的有米粉、米篩目、肉圓、粄條、粿仔、蘿蔔糕等等；米漿直接加熱的有碗粿、鼎邊糊；磨成乾粉再蒸炊的有狀元粿、茯苓糕。在來米美食，卻沒有飯粒俱在的小吃種類，這個實在特別。

因為不同的口感要求，在來米美食，有的要使用新米，有的是老米（放置超過九個月以上者）。如果要有咬食口感，韌勁耐嚼，像是清蒸肉圓、蝦仁肉圓、蘿蔔糕、碗粿、鼎邊糊、粗米粉（小卷米粉）、米篩目等都要使用老米才能達到，可見其講究。各種在來米點心美食，是兩千年來古人的美食智慧累積。

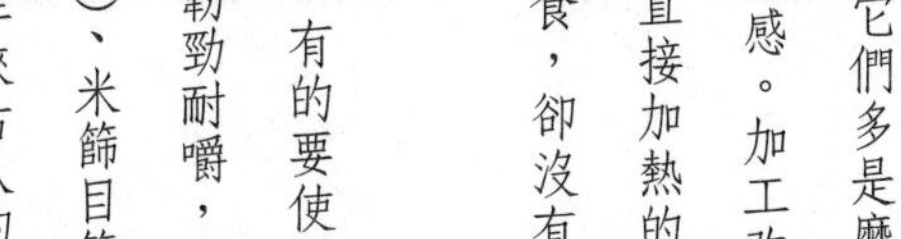

米漿。

第一堂

製程簡單，火候是決定良劣的靈魂

「米漿」，請不要小看這種在便利商店就買得到的早餐飲食。要知道，愈簡單的食材愈難料理，這個道理就像一道蛋炒飯，高手與否一出手就知道了。

介紹一家傳奇的花生米漿吧！府城有許多很讚的小吃沒有店名，李家的老店，就是台南人喜愛的早點，許多老府城人可是「從做囝仔吃到做公」。六十多年前由李肇基夫婦所創，以花生米

將花生去膜，文火炒得將酥未酥，將焦未焦，無苦味盡是香氣

漿和杏仁茶名聞府城，也算是一頁小吃傳奇了。第二代李芳明接手，經營了也有近三十年，現在第三代開始登場幫忙。

其實，花生米漿的製作過程非常簡單，現代家庭也可以輕鬆作業：米漿的材料是白米和花生米，花生可用微波爐微波一下至「近乎焦黑」，如果要省事些，可將米先以少許水泡二小時，再連泡米的水和酥焦花生用果汁機打成漿，剩餘的水先煮開後轉成小火，再將打好的米和花生混漿汁慢慢加入煮開的水中，加少許紅糖，煮滾即可。

感覺簡單？是的！可是在府城，專賣花生米漿，而且要一賣就賣了近七十年，就要有學問了。主要關鍵就是「火候」。李家的米漿選用在來米，也混入小部分精緻壽司米，浸泡兩個小時。花生一定選用北港生產的，顆粒不要太大，口感

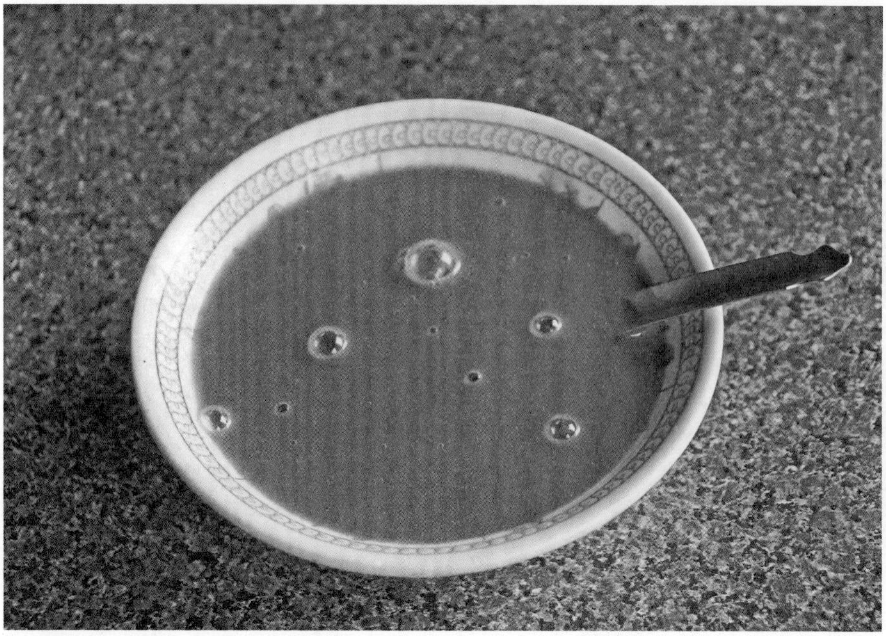

喝下一碗香濃花生米漿，補充飽滿精氣神

密實香味濃郁，炒得比一般花生再深熟些，顏色要有些炭黑但又不過火，味道不能有苦香，花生的撲鼻香味經過煎炒要煸到極致，這樣的火候是決定米漿良劣的靈魂。浸泡的米粒與去膜的酥香花生米一起研磨成漿，小火熬煮，時時攪動，加糖後即成。熱騰騰的寬口大碗米漿，搭食著饅頭夾煎蛋，非常平凡的早餐，但是七十年的老店，神韻風味卻是自成一格。麻煩的事，這爿小店，如今也要排隊了，人龍很長。

一老李早餐店一
台南市中西區公園路12號
06—224—4720

碗粿。

第二堂 一座城市竟然有三百多家古早味專賣店

去年，又一次走訪鴨母寮市場，繞過路去跟老友「陳金塗碗粿」打招呼，「好久不見啊，你們兩位還好吧！」「哎呀，我們再三年就要退休了。」八年前，我去公園南路採訪他們夫妻，七十多歲，是第三代傳人。採訪的時間是清晨三點半，準時出現在碗粿作業現場，印象深刻，他倆說還真的嚇了一跳，因為所有答應準時要來的採訪者統統沒有出現過，我是第一個。他們忙著，我則四處拍照，「老灶和炊具」：古灶，以紅磚為基，耐

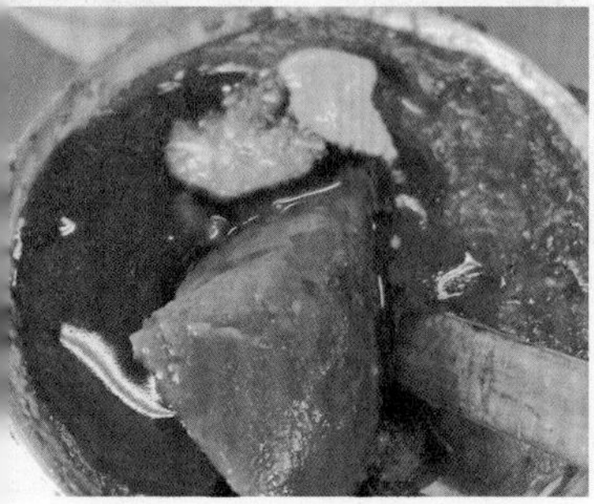

火磚為灶沿，灶尾接著磚砌煙囪。灶身上有一大圓鼎，置著一座全部入榫製成的檜木炊具，座底成正方形，中間有一直徑十五公分左右的大蒸氣孔。堆置上面的井字型的木製盛碗炊具，可同時上下縱橫疊放蒸炊四、五十碗。炊具上蓋是屋頂式的三角形木製品，整體觀之，像一座古式房子。

因為在鴨母寮市場，是早市，中午收攤，所以必須深夜開始工作才來得及清晨七點前到市場「開市」。於是，一百多年來，三代都是每天凌晨兩點開始炊粿，六點多，再推著小車到「鴨母寮市場」販售到中午。第四代已經表態：絕不接手！也就是說，二〇一六年，「陳金塗碗粿」將成絕響。

他們的碗粿口味是府城的，在來米「老米」的米漿裡面有陳家獨家肉臊汁、鹹鴨蛋、香菇片和一隻蝦仁。這種深邃肉滷味道與客家人的白白碗粿大大不同，傳統客家風味的碗粿，在來米先磨成米漿後，倒入古早風味的碗內，用蒸籠以大火蒸約四十五分鐘。配料有香菇細末、碎菜脯、黑豆豉、蝦米、油蔥和辣椒等以豬油炒香，一撮在碗粿上，食用前淋上醬油或辣椒醬即可。

台南人喜歡碗粿，清領時期已是府城重要街頭小吃。到了日治時期，尤其太平洋戰爭之際，碗粿卻成了高級點心，因為物資缺乏，米糧不足，有錢家庭才有能力製作。光復後，台灣經濟重新竄起之後，碗粿也再度成為街坊的點心小吃了，府城老店數量不少。在大城小鎮，街頭市場，都有不凡的好吃碗粿店，如果你問十個台南人，會有十一個答案。

近日，我路過國華街三段，要前去水仙宮拍攝蒜茸枝的製程，走了富盛號碗粿的小巷，正巧看到碗粿的製作現場；幾個人不語，動作迅速機靈地井然工作，畫面好看極了，碗裡魚貫置入豐盛的配料，而大托盤上的陶碗排列規矩，倒入米漿，加入獨家肉臊，另有人迅速攪勻。陶碗層層疊疊放入蒸籠，一旁的爐灶不斷有猛火聲響，人聲靜默，工場的火聲、陶碗碰撞聲卻是迷人的。

我一直覺得，在府城眾多碗粿店家（整個台南市超過三百多家）選出一家心儀的，富盛號絕對是進入我的決賽美味，或許，他太有名了，也成了府城十大要排隊的店家。近來兄弟分家了，各自登山，也成競爭對手，我卻覺得這樣的局面，更能保持美味的堅持與一致性。下次去，我也會依然耐心地排隊，值得。

一富盛號碗粿店一
台南市中西區國華街三段333巷8號
06—227—4101

一陳金塗碗粿攤一
台南市中西區鴨母寮市場旁裕民街上
06—226—0988

一小南碗粿店一
台南市中西區府前路一段140號
06—224—3136

一小西腳粿店一
台南市南區夏林路1—29號
06—224—5000

米篩目。

第三堂
農忙時的速食簡餐，加入滷虱目魚肚塊成經典

小時候，我的老家務農，每當農事正忙，下午時間，總會有嬸嬸們將點心烹煮，再由長工挑到田頭，讓忙著割稻的農友墊墊肚子。我年幼也喜歡湊熱鬧，尤其那一碗不燙手，溫溫美味的米篩目（有人稱米苔目，我喜歡用「篩」），因為手工製成中，那個「篩」是名詞也是動詞，我童年時看過老家的大廚房，媽媽與嬸嬸們是這麼做的：用手掌推著米粹在勺篩上，軟軟米粹受到壓力穿過圓形小洞的篩目，白白長長的米條就墜溜下來，進了正水沸的熱氣騰騰大水鍋，入了沸

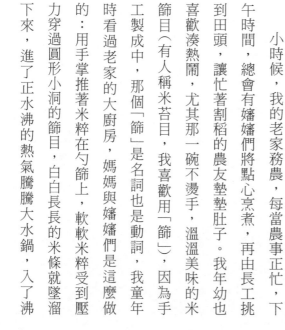

本是舊時農忙的速食選擇，加上豐盛配料，華麗再現

水，米條立刻熟成滑溜的米篩目。我的古早味，鄉愁十足的米篩目湯裡有蔥酥、豬油粕，韭菜段子……和說不清楚的童年。

自己曾在臉書寫下：「米苔目世界杯總決賽：『佳里與竹東』。走南北，吃東西。近日即將播出「浩克慢遊」的竹東與關西篇，想起了當時錄影時，下雨，在竹東市場先品嚐了客家乾炒米苔目，現做的米苔目，從米漿到米條，神奇的古人智慧。那一碗熱騰騰美食，米香韻雅，醬味醇厚，超想念的。台南佳里中山市場的手工米苔目，在來米，以更傳統樸拙古法所做，帶有簡陋的工具，用手掌把米漿擠入篩子，米條很短。湯頭香腴，內有鮮蚵和一大塊經典的滷虱目魚肚。一碗是內山的炒米苔目，一碗是濱海的湯米苔目。一碗是北部客家美食，一碗是南部河洛美食。傳統的老滋味，都是我們的寶貝。」

湯頭甘腴潤口，吃過絕對難忘的古早味佳里米苔目

每個鄉鎮都有熱鬧的中山路，也有一座熱鬧又美食豐富的中山市場。佳里區也是如此，中山路金唐殿對面，中山市場裡有一攤米篩目湯老店，攤面上有已經燙熟的肥蚵仔，也有滷得香氣四溢的虱目魚肚塊，點食，老闆把「矮肥短」手工米篩目入鍋回溫，再舀起，然後滿滿的一碗滋味豐富的古早味上桌。湯面的油花漂亮，湯汁中綠色韭菜段與白白米篩目也好看，這時滿懷興奮舉箸，所有味蕾全部感激這個味道太美好了。附註：記得十二點後不久，傳統市場就人去樓空，大家收攤！

相對，台南舊城的米篩目顯得單調，無趣。

一佳里米苔目一

台南市佳里區中山路中山市場內（早市）

粿仔湯。

第四堂
閩南味的厚醇，
湯頭裡有府城的肉臊傳統味

粄條是非常負盛名的客家米食，在台灣客家人聚集的地區，永遠有吃不完的粄條小吃店家。然而，粄條的典故卻源於更早的貴州，傳說因最初是寺廟中和尚所做，後普遍流行於遵義地區，所以又稱「和尚米皮」。這種以在來米的米漿所製的米皮，講究筋、薄、細、軟，具有獨特風味。傳到粵東的客家人地區，甚至華南，將米皮切成條狀如寬麵，才習慣稱「粄條」。

這種以在來米磨製成米漿，澆灌於平底鍋皿水平鋪放，再將平底鍋皿置放於蒸籠內蒸熟，形成一張潔白之薄膜般，晶瑩剔透米皮，再切成細長條即是粄條。粄條有稱之「河粉」，府城人習慣說是「粿仔」或是「粿條」。至於「越南河粉」呈白色細條狀，增添玉米澱粉類比例高，因此顏色較白，吃起來口感韌性也較大，較適合於炒或煮的料理。「泰國河粉」呈淡黃粗條狀，成分泰國米，還添加了玉米粉、番薯粉等多種澱粉，在烹煮後吃起來的韌性較強，口感和冬粉類似，也是較為適合煮和炒。

「河粉」的全名為「沙河粉」，故事發生在清朝末年，廣州北郊的沙河鎮。有一小吃店，年青的阿香夫妻早上賣熱粥油條，中午則賣家常飯菜。一天，一位破衣老人，斜躺在店門前的大石上。夫妻起了惻隱之心送老人一碗熱粥。老人婉拒，阿香說：「你安心吃吧！本店對老人家的熱粥都是贈品，從不收錢的。」從此老人就天天出現，善心夫妻也日日施捨。

有一天，阿香病倒在床，不思茶飯。老人聽說阿香的病況後，自忖：「恩人阿香茶飯不進，病情當然不會轉好，今天我要親自下廚，煮碗好吃的東西，給他進食調養身子。」老人取用泉水浸泡在來米，約過一個時辰，再使力磨成米漿，同時燒沸水，把米漿薄薄地舀進編得密集的竹籃內，使其流蕩均勻後，放在熱鍋上，蒸約兩分鐘，取出蒸熟的薄米皮，折疊三層，切成長條，加入

高湯、蔥、鹽、香油調味，親自送給阿香。聞到香香噴噴的湯粉，阿香頓時有了食慾，吃了一口粉皮後，就被這滑嫩爽口，帶點勁韌的口感吸引，不自覺地吃了幾碗後，精神好轉，病況也漸康復。

大病全癒的阿香道謝後，好奇老人身世。「我原是宮廷的御用名廚，因個性正直，得罪了小人而遭到誣陷，差點人頭落地，幸經貴人相助而逃出京城，為了躲避通緝四處流浪。」老人回答後又教阿香蒸製要訣，說「此地是沙河鎮，就稱它是沙河粉吧」。

從小，我就貪食粿仔湯，位於民生路的「松竹」，他家以當歸鴨麵線聞名台南，我卻常為了濃郁肉臊香又多蔥酥的粿仔湯前往，厚綿的滑順粿仔條，入口，總是為此簡單小吃著迷不已。我多會要求湯裡多加十元的瘦肉薄片，沾滿湯汁咀嚼再三，與軟嫩粿仔反差也是享受。府城的粿仔湯與客家的粄條湯，滋味相異甚多，各有風韻。

|松竹當歸鴨|
台南市中西區民生路一段152號
0925—321—596

|泉成點心店|
台南市北區裕民街1號（鴨母寮市場內）
06—227—1090

茯苓糕。

第五堂 本來是天地會的甜食，成了非凡的小點心

六年前，一天下午，在國華街二段「葉家小卷米粉」接受了《中國時報》的專訪，結束臨走時，店老闆贈了一塊「茯苓糕」，上下兩層白粉夾著厚厚的小紅豆泥。他知道我對於各式傳統小吃，有濃烈的好奇心，所以熱烈地推薦著。一口咬下，幼童時的味覺記憶全部都回來了，記得幼時曾在中部吃過，可是沒那麼香綿好吃。於是，做了點功課，嘗試探討「茯苓糕」的歷史故事。

這是有關天地會的故事。為了進行有計劃

茯苓糕內餡有紅豆、綠豆、花豆供選擇，糕香撲鼻，從明末流傳至今

的抗清活動，同安城內有位糕點店老闆，他的店就是抗清活動的祕密聯絡點之一，他蒸了一種叫「茯苓糕」的糕點，因為糕點中含有中藥材「茯苓」。當時天地會人員稱「茯苓」、「茯苓」，事實上就是暗喻「復明」、「復明」，取力抗清韃恢復明朝之意。說說「茯苓」，它常寄生在松樹根上，形如甘藷，球狀，黑褐色的外皮，內為粉灰色或白色，可做藥用，是真菌類多孔菌科植物茯苓菌的菌核。中醫師指出，茯苓具有利尿除濕、消水腫、止渴止瀉、健脾安神的效果。

位於國華街一段的林家茯苓糕，近五十年來，三代相傳，堅持以繁雜的手工，遵循古法製作出老味。林家早年用大石臼把在來米打成米粉，再添加茯苓粉，攪拌均勻，另外熬煮小紅豆、綠豆與花豆內餡，砂糖須先熱香溶化再混拌豆泥中，如果十一、十二月份大甲芋頭成熟期，還偶爾小試身手製成芋泥餡，芋香撲鼻又是一番滋味。近年，因為用搗米石臼撞擊聲音太吵了，已改用機器研磨了。

我採訪過「林家茯苓糕」共三次，一次自己前訪，兩次陪電視媒體拍攝。然而前往的時間都是清晨三點，此時正是製作茯苓糕的時刻。街道光線暗淡，店家卻是燈火通明，夜風徐徐，拿著相機取鏡拍攝白煙騰騰，糕香撲鼻，另有一番感受。製作過程，先以白布片鋪在蒸籠底部，倒入適量米粉，鋪平，再加上豆泥餡料，用刮刀輕輕抹平，再倒入第三層的米粉。隨即用手背膩輕巧地推平，再以直徑約十公分的圓木板略略壓實。最後，刮刀一道一道畫出平行線。四籠同樣手續完成後，大火蒸炊半個小時，離爐取出，冷卻定型，即成。這樣的工續，大約得從清晨三點開始到早上七點

上市，不停歇地忙碌。所以，如果早一點上門，在林家門口所擺的手推車，買到的茯苓糕還是溫溫熱熱的。豆泥香甜不膩，整體感覺清綿爽口、不燥不柴，口感醇細。如果當天沒有吃完，要冷藏。因為在冰箱糕餅的水分會流失，建議食用前再蒸個七、八分鐘，「趁熱吃」最佳，再佐上一盞清茶。

—林家茯苓糕店—

台南市南區國華街一段83號

06—226—9721

狀元粿。

第六堂

有了故事，這味就是考前的文昌甜品

有朋友是高三班級的導師，他說大學考試前，有同學的母親帶來溫熱的狀元粿到班上來，請所有同學食用，討個吉祥，祝他們考試順利。事實上，我也曾在寺廟文昌帝君神桌上，看過有人以此當是供品。這個美食供品還真是府城考生的獨家優勢，其他地區的供桌上，多是青蔥（聰明）、蘿蔔（好彩頭）、包子粽子（包中）還有一把蒜（算數好）、金棗（金榜題名）、礦泉水（溫思泉湧）、兩瓶沙拉油（加油、加油）、一碟老薑一碟海鹽（山珍海味）等

把在來米磨粉置入炊具，底部有炙熱蒸氣將米粉炊得熟透

等蔬菜水果，宛如菜市場。台南寺廟的桌上顯得「文明」，狀元粿確實是「目標明確」的祈願。

狀元粿有個傳說：話說清朝初年，有位舉人書生進京趕考卻名落孫山，盤纏耗盡，為了能繼續留在城內並等待三年後的應試，他便創作出將米粒磨成細粉，盛置竹筒內炊熟的小點心，在街上販售維生，當時這道點心名叫「鬆粿」或「擯子粿」。當初那位舉人可不是憑空想像米粿的形狀，他入京的目的就是要考取狀元，因此特地按照狀元頭上的帽子依樣畫葫蘆，希望能為自己帶來好運。三年後，他殿試成功並高中「狀元」，於是將此米粿獻給皇上品嚐，備受讚美而賜名「狀元粿」。他帶著蒸粿炊具衣錦還鄉，「狀元粿」也成為一種吉祥小吃。真實故事是耶？非耶？總之這是個好傳說。

「狀元糕」清末傳入府城之後，便成為府城一種特殊的小吃。古早時期沒有瓦斯、沒有木炭，是靠燒柴火將狀元粿蒸熟，直到後來改為用扁擔挑著炭爐沿路叫賣。爾後慢慢改為騎著三輪車，帶著炊具在大街小巷賣狀元糕，演變成今日在小鋪現做現賣，古風依然。

狀元粿要好吃的四大關鍵要訣：一好米，老米泡水四小時，磨碎後再瀝乾做成細粉。二炊具，早期以竹子做成炊具，現在用蓮霧木或番石榴老木製模型。三餡料，鹹味、花生及芝麻三種口味。四火候，將木頭炊具插入蒸氣孔蓋上蓋子，蒸氣自下而上衝炊，大約二十五至三十秒冒出煙時就已熟透，香溢撲鼻，此時將木頭炊具插入另一根固定在桌上的木棍，掀開如茶甌杯蓋的炊具蓋，倒出，即成樣子像清朝時狀元帽的狀元粿。「王家庄狀元粿」老店，近年在正興街設有分店，年輕遊客如潮，不少人也見識了台南這一古早味。府城府食餐廳，甚至將狀元粿小推車，分別推到各桌前表演，供食客賞食，這真是個好主意。

| 王家庄狀元粿（分店） |
台南市中西區正興街64號
0929—393—995

| 泉記狀元粿 |
台南市中西區永福路二段31號
06—222—6390

| 府城食府 |
台南市安平區華平路152號
06—295—1000

第七堂

融合舊米嚼感與新米香的吮指之味

蘿蔔糕是我喜歡的庶民小食，切片香煎，表面煎得橙黃酥焦即成，沾著大蒜醬膏。趁熱吃，即是幸福人生。

這一味簡單美食，因為太庶民了，少出現在街頭的小吃攤，多在傳統市場裡出沒。台南許多傳統市場裡都有一爿老粿鋪，生意不惡，攤架上擺著各式的「古早粿」，有糯米所製的紅龜粿、雙糕潤、豆糬等等，也有在來米所製的肉臊糕、蘿

府城人不甘只有蘿蔔糕口味，衍伸更多種類，甚是豐富

蔔糕等等。說是古早，絕對正確，因為這些在台灣明鄭時期已經是台南傳統節慶祭拜供品了，算算時間，已有三百五十年。在攤架上，占用最大面積者，則是用木製底版所盛擺的圓圓大大肉臊糕、蘿蔔糕，兩個大大的圓，厚實的粿體，相當誘人。當你要採買食，伸出手指在蘿蔔糕上空比畫，店家便切下秤重。一切隨性。

我喜歡閒逛傳統市場，屢屢為粿鋪的攤面上擺得滿滿方方的、圓圓的這種米粿吸引，它是台南人的基本主食之一。我走訪台灣其他小鎮，像是西螺、北港等等多是「純米粿」——就是老在來米磨漿炊製（沒有蘿蔔），香煎之後，品食之前，店家總加上各家獨門醬汁，米粿成了配角，醬汁反客為主。然而府城卻少有這種「純米粿」，總喜歡展現豐盛口味，所以每家小攤在來米裡，添加蘿蔔絲炊蒸，或是大量蔥酥肉臊、濃稠芋頭泥等等。市場裡的攤位將所有的食品一字擺開，總是琳琅好看。偶爾也會看到「芋粿蹺」，像是短胖的香蕉形態，這真是超級古早味。

我曾在美食講座讚歎過「府城食府」的「港式蘿蔔糕」，油蔥酥、細微碎臘肉、蝦米細末與蘿蔔甜香相映成趣。他家的在來米有嚼感，也有新米香，應該是新舊米三七比，佐著特調的蒜味醬膏，令人吮指。每次過年之際，總看到他們店家的蘿蔔糕禮盒，以竹片編織的圓蒸籠外觀包裝，再覆蓋大大的紅紙「春」字，喜氣十足。這次趁著寫書，約了店家，直擊廚房看著廚師香煎著蘿蔔糕，拍照，酥黃後翻面，糕香撲鼻，滋然生津，我開始期待過年節慶。

「阿華粿鋪」
台南市中西區郡西路35號（保安市場二樓）
0918—804—285

「府城食府」
台南市安平區華平路152號
06—295—1000

「鴨母寮市場」
台南市北區裕民街上小攤（早市）

「水仙宮市場」
台南市中西區海安路上小攤（早市）

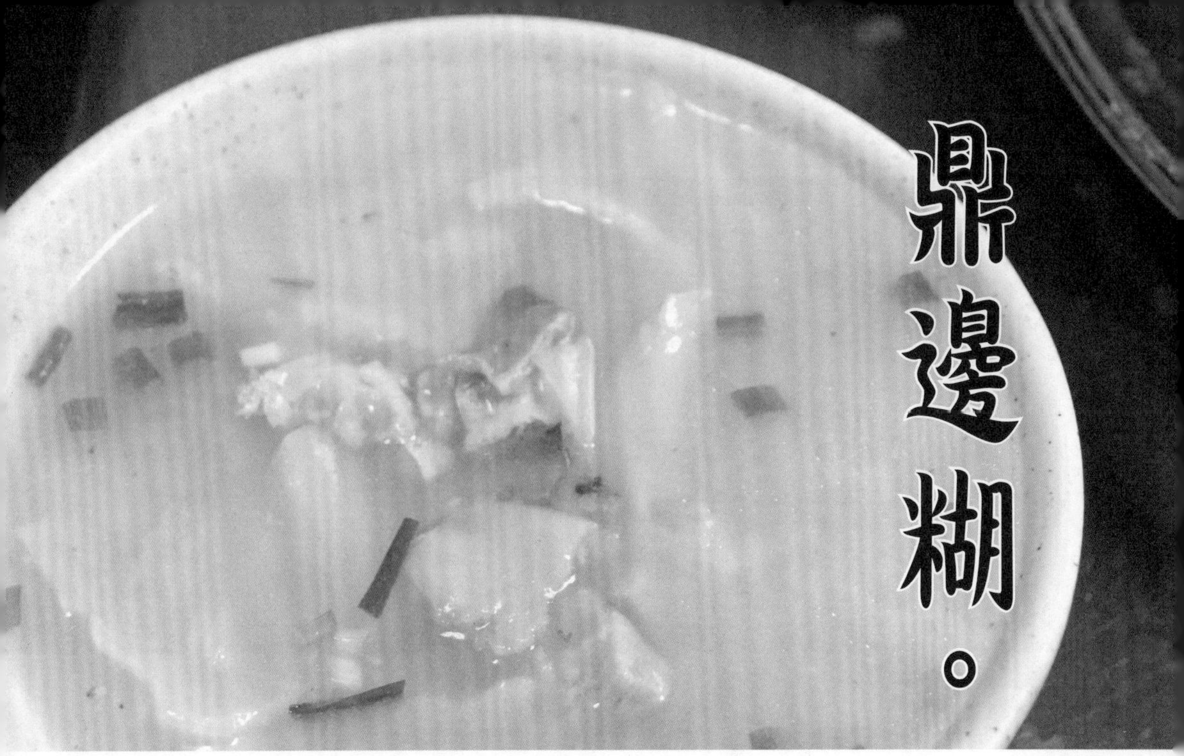

鼎邊糊。

第八堂
臨場表演好小食，現點現做現吃最道地

「鼎邊糊」雖是福州的傳統小吃，但福州人常把它當做主食，有時湯食，有時乾吃，有時用炒的，但配料不多。在台灣稱「鼎邊趖」，則把它升等為湯品美食，與鼎邊趖同煮的湯頭料有肉羹料、蝦仁羹料、金鉤蝦米、小魚乾、魷魚乾、鮮筍絲、芹菜、高麗菜、金針、香菇、蒜頭酥……多達十餘種，鮮香營養，湯頭清爽甘甜。

「趖」是台語，指米漿沿著鍋邊慢慢淋下的狀態，鼎（大鍋子）中放一些湯頭用火燒開，同時

鼎邊糊，將米漿徐徐在鼎邊淋下，遇熱則熟透，滑入湯頭裡煮得軟嫩

燒熱鼎邊，以芋頭沾油抹鍋後，把在來米磨成的米漿沿著鼎邊，慢慢滑下，米漿遇熱立刻熟透，溜下滑入湯頭內，胡亂切成小片，再投入配料入鍋，如此製成的米食就叫「鼎邊趖」，與河粉、粿仔條類似，但口感更加彈勁滑嫩。

不管是鼎邊趖還是鼎邊糊，這個古早味有個故事。話說明朝末葉，倭寇常常偷襲東南沿海，從浙江、福建到廣東均受其擾。戚繼光受命率領大軍抗敵保護百姓，自然受到百姓愛戴，軍民一心，百姓常自願到營房幫忙炊煮。一天清早，大夥忙著磨著米漿準備製粿當是早餐，突然聽到倭寇又來侵襲的情報。軍令緊急，部隊隨時開拔，大家等不及炊粿，有一長者靈機一動，將米漿在大熱鍋邊淋上，成了米粄，做成「鼎邊糊」大鍋米食湯，及時讓部隊吃得上早餐，再上戰場。

此後，我們又多了一道傳奇小吃，而小吃則有了歷史佐料。

這是一種「帶有表演性」的小吃，應該現點現做，食客看著大鼎米皮製作與烹調的實況，然後飢腸轆轆，躍躍欲試。我曾經專程前往安平延平街的「貴記」、「試吃」鼎邊趖，他家的米皮早已事先製成一大碗當是備料，點食時，再與其他配料轟然入鍋，煮成端來，吃著總覺得極其平凡，這麼有特色的古早味弄得索然，可惜了。曾聽台南老饕說，早年安平有一爿鼎邊趖老店，聽老安平人說滋味如何如何，只能嚮往之了。

本書的鼎邊糊照片，出自馬祖南竿獅子市場裡的鼎邊糊小攤，美食細節留著下本書《慢食大學：帶著筷子去小鎮旅行》，再好好介紹屬於福州小吃的在來米美味。

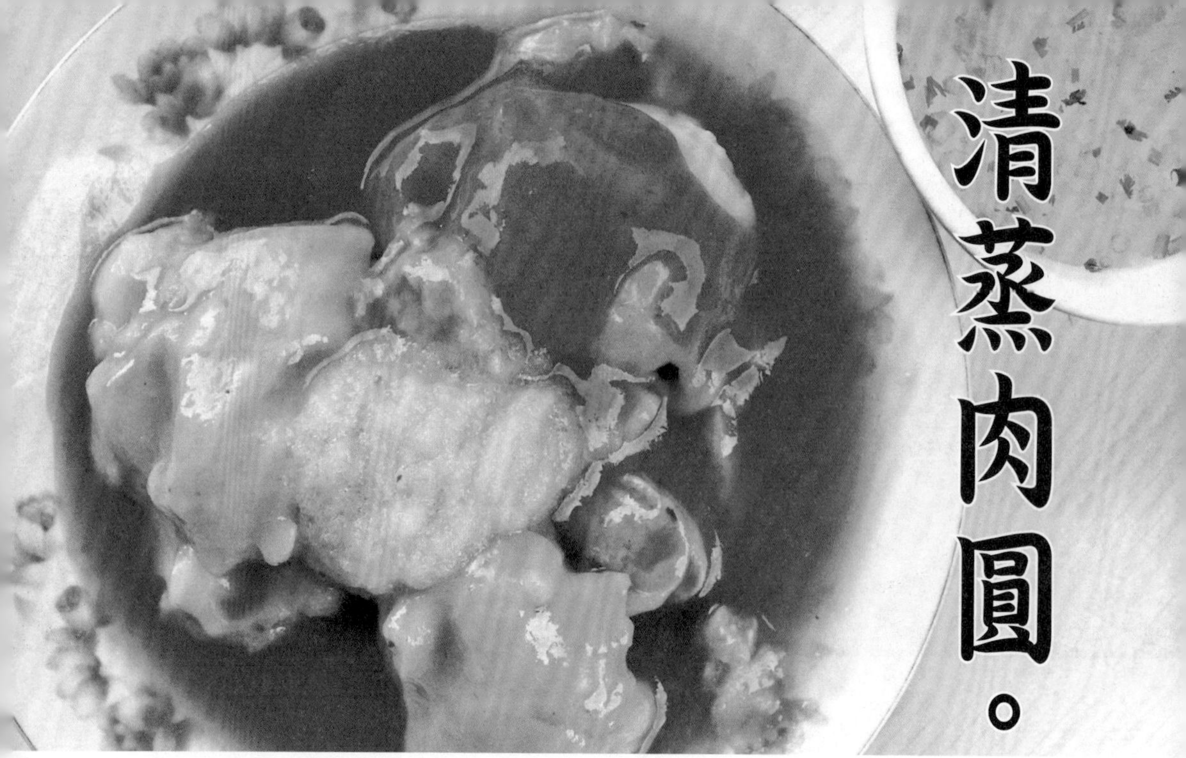

清蒸肉圓。

第九堂
皮衣口感完美，紅色淋醬堪稱經典

關於「廟口肉圓」這一爿小店，前後，我已經吃了四十年。

年輕時，負笈台南，就熱愛這經典的味道。印象深刻的畫面是，當時在祀典武廟的三川門下，擺桌，倚著丹紅的廟門（當年尚未將古蹟列等，得以這麼親近廟門），品食著也是丹紅色醬汁的「清蒸肉圓」。我就這麼吃了四年，直到畢業，離開台南到台北就業，這一美食成了我對

半透的全熟清蒸肉圓，有羊脂般的美感，內餡隱約可見

台南的眷戀。十幾年後，再度造訪「廟口肉圓」，竟然受到了老闆「你好久好久……好久沒來了」的歡迎，台南的小吃總添加了人情味。

不過，因為古蹟保護觀念已經興起，無法如往昔在廟門前就食，改在廟埕的青斗石上擺桌，這也是符合「廟口」情境。再幾年後，店家離開廟埕，遷入一旁的民房，美食一樣精采，但沒了以往貼著古蹟廟門的超現實感覺了。

清蒸「台南肉圓」與油炸「彰化肉圓」截然不同，那是以在來米的老米磨漿，濾除部分水量，成了糍糊般的黏稠感，再以小圓缽工具放上一坨白皙米漿，再置上已經淹漬入味一夜的瘦肉塊（瘦肉須經過敲打，讓肉質更加適口），最後將部分米漿翻到上面，將肉餡包入米漿中。整個蒸籠依序擺上手工肉圓，約四十分鐘炊透，脂玉般的外皮隱隱透出內餡，即可。食用時，一碗三球，淋上不傳紅色祕醬。我喜歡再加大量蒜泥，最後少許黃色芥末，提味，也彰顯色香。因為是老米，口感顯得嚼勁有度。

當然，所有老台南都知道，這裡有免費的肉骨熬煮清湯，汁味不俗。自己動手，撒上一撮芹菜段子，更顯清新適口，無限續碗。搭著肉圓，這種清湯算是台南的人情湯。我演講時，屢屢介紹此種台南特有小吃，總說我偏愛廟口的「肉圓」和福記肉圓「醬汁」，如果改天將這兩家的強項組合在一塊，肯定是神明也會下凡。

|武廟肉圓|

台南市中西區永福路二段225號

0919—508—325

|福記肉圓|

台南市中西區府前路一段299號

06—215—8199

蝦仁肉圓。

第十堂

一肉臊二蝦仁三醬汁，完美的台南老饕綜合小吃

這座舊城，三百年來，老饕的偏好有跡可循，一是肉臊，二是蝦仁，三是醬汁。關於蝦仁，台南老饕則是耽溺於「現撈仔小蝦」，這種稱之「火燒蝦」的鮮勁與粉腴，寫下台南小吃精采的一頁，經典的擔仔麵、蝦仁飯即是使用這個「味」。它的學名為「鬚赤蝦」，這蝦常出現在南部沿海一帶，北部少有。蝦殼外觀有不規則紅斑狀，看起來就像被火「燒」過，蝦殼厚，剝出來的蝦肉只有一點點。火燒蝦屬於價格低廉的蝦種，味道鮮甜，

肉圓的工序，充滿温潤的人文美感，入漿、塞放肉臊、蝦仁……

可是近年來洋流改變，天候異常，供應量開始短缺，價格上漲。未來，將有傳統味道與現實價格的掙扎，改用養殖蝦替代會是一種趨勢。

回來說說「蝦仁肉圓」，基本上它應該是「清蒸肉圓二・〇版」，也是在來米的老米所製，所以口感才有明顯的嚼勁，非新米的軟綿。肉圓內餡則是火燒蝦仁為主，肉臊為輔。一次，我去採訪製作流程，沒有事先約定時間，「突襲」般到了店家，現場整整一大鍋火燒蝦仁，完全沒有惱人掃興的「蝦仁腸泥」，已挑得乾乾淨淨，這個好！我暗自叫好。

拍照下來所有工序：以小小鋁碟當是置具，先抓一把米漿放入小碟右端，肉臊塞入米漿，此時一些米漿則會被擠到左端，將約三隻蝦仁放在肉臊上，再把左端多出來的米漿宛如被子般，將內餡包覆起來，即成。以五指撥出肉圓，排列整齊放入蒸籠，四十分鐘炊熟。我喜歡看掀開蒸籠蓋的一剎那，濃密白煙騰騰，蝦味轟然，當白煙散去，熟透的蝦仁肉圓們之間彼此相連，高低起伏，白玉凝脂般的外皮，可看到些許蝦仁粉紅內餡……食指大動，正是這等形容。

一盤有三球，淋上滿滿的特調濃稠醬汁，這種以碎蝦肉熬煮的獨家佐醬，裡面細細蝦肉依然隱隱可見，肉圓上放置一撮香菜，端上桌。非常建議再酌量加上蒜泥，我呢？會再增添非常搭味的芥末醬。這一盤，即是完美的台南老饕綜合小吃：一是肉臊，二是蝦仁，三是醬汁。台南人都有自己的私房美食地圖，各家蝦仁肉圓都擁有自己的粉絲群，我則是推薦保安路上的「茂雄」老店——「蝦仁肉圓」這種美食的原創者。

|茂雄蝦仁肉圓店|
台南市中西區保安路46號
06—228—3458

|友誠蝦仁肉圓店|
台南市中西區開山路118號
06—224—4580

|建國蝦仁肉圓店|
台南市中西區民權路一段45號
06—224—6608

發糕。

第十一堂

裂開猶如花朵盛開，愈開愈發

每年春節，家母一定在祖先牌位前留下祭祀過的「發糕」過年，這種延續傳統的農業習俗，記憶中，總有濃濃的傳承和展望。以一種食物，來象徵內心幽微的祈福，含蓄卻又真實，先民總留下一些生命線索，供我們遵循。

發糕的原料非常簡單，在來米粉、二號砂糖（也可以添加黑糖）和發粉。話說過去農業社會在臘月二十四日送神祭拜之後，便開始忙碌準備炊製各式應景的「粿」，年糕（有年年高昇之

府城的發糕外觀辨識度甚高，味道也不盡相同，吉祥意卻是一樣

意）、蘿蔔糕和發糕則是三大必備「炊粿」。其中的發糕，有期許來年「發達、發財、發展」的意思，所以「發糕」最後「裂開如花朵盛開」的結果，可以用戒慎恐懼來形容「打開蒸籠蓋子一剎那」的感覺。炊蒸進行中，先民非常忌諱小孩子在廚房嬉鬧，甚至講一些不吉祥話語，即可明白炊粿人的壓力。關於發糕的完美，茲事體大。

台南的發糕，多是白色成型，再塗抹上一圈紅圓，以示喜氣，跟家母所製的發糕顏色不同，她總先以紅砂糖熱融後成了焦糖色，再把白米漿上色，所以她的發糕呈現焦糖色。評論，台南風格在喜氣表現上，略勝一籌。

所謂「飯花」，就是春仔花加上發糕。神桌的發糕上面插著「春仔花」，這是另一個深遠習俗了。除夕到過年期間插在春飯、發粿上面，以增加新年吉慶意味的春花，稱之「飯春花」。習俗中，除夕時要敬拜神明和祖先，供桌上會供著長年飯和發粿，上面插著這種「飯春花」，寓意「飯有春」(台語剩下夠用的意思)，祈願「年年有餘」和發財如意。現有發糕的販售，最多出現在傳統市場，讓現代人省去庖廚辛苦。

「黑糖粿」算是發糕的遠房親戚，吃起來軟勁兼具，綿密優雅，也來說說它。澎湖的黑糖粿比發糕多添加了麵粉，黑糖比例也增加，發粉比例則是降低。這種粿點的故事，與以黑糖馳名的沖繩有些淵源。話說日治時期，一位琉球的丸八師傅傳授給澎湖居民，早期是廟會的熱門祭品，蒸成圓形茶盤大小，再切割成小塊。多年後又做了一些微調，上面也多灑了芝麻裝飾。

「阿華粿鋪」
台南市中西區郡西路35號(保安市場二樓)
0918-804-285

「寶來香餅鋪」
台南市中西區水仙宮市場內
06-227-6886

「舊來發餅鋪」
台南市北區自強街15號
06-225-8663

學分三——豚食，豐腴與豐盛之間的美味

對每一次的美食經驗，總喜歡探索背後的人文韻底。看那桌上令人驚豔入味的佳餚，店老闆是如何把生活經驗轉換成美好又獨特的味覺。處在凡是都可以數位化的年代，視覺、聽覺、嗅覺都可以簡化了，唯一仍不能數位化的「味覺」，讓我們在唇齒之間，自覺酸甜苦辣細膩地平衡與變化，所以，有時一口好湯頭，即是幸福啊！

府城，是台灣最古老而富饒的城市，歷史上有很長的時間都是台灣的經濟、政治中心。凡是有此屬性的城市，基本上多是愛吃、懂吃、能吃的城市，像是土耳其最大的城市伊斯坦堡、西班牙的巴塞隆納、中國的成都等等。有些略略沒落的貴族味道，卻仍頂著過去的榮光過日子，顧盼自憐之間有些傲氣，但是表現著閒適與優雅。我曾在《當老樹在說話》書本裡一篇〈有爺兒氣的台南〉寫到：

你問台南人，什麼好吃？
他們總會說出一套自己的私房清單
你問台南人，什麼是歷史？

他們說磚紅色的牆就在家屋和路間
你問台南人，什麼是生活？
他們說曬一曬太陽，你就會知道

關於「豚食」篇章，列出的都是豬肉美食系統，這裡沒有牛肉、羊肉，也無雞鴨鵝，純粹強調「豬肉各部味的料理」，做法有炒、炆、滷、熬、煎、燉、汆、烤、煸等等，就是想要強調這座舊城的美食實力與習慣，以另一種觀點陳述飲食的博大精深。我承認這裡有些趣味的自我主觀，但是看看這些職人們，他們在自己嫻熟的肉食料理中的表現與講究，是可以窺看到一些這座城市的飲食靈魂。

其實台灣的豬肉消耗量，約是一年一千萬頭，過去多是自養自足，幾年前的口蹄疫事件之後，飼養豬隻每年遞減，近年約是六百萬頭了，這是符合台灣離農離牧的趨勢，而不足的豬肉多有進口補上，好消息是養豬所造成的環境汙染也漸漸改善。

回顧歷史，清領時期，我們所飼養的豬種多是大陸品種梅山豬、金華豬，個小。光復後大家懂得長肉率，品種已經改為歐洲的約克夏、杜洛克、藍瑞斯。日本人養豬觀念是受了荷蘭人的影響，我們則是受了日本人影響。日治時期之後，食材時代往前滾動，烹調方式亦然，今天我們所吃的豬肉口感，已經不同於先民了。但是，料理的精神與美食的講究，卻更精進於先民，我們到府城去看看，順便上課。

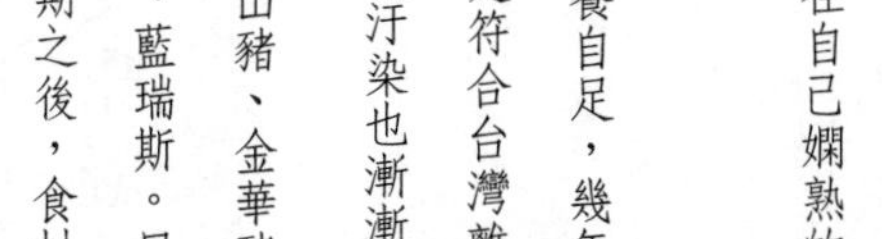

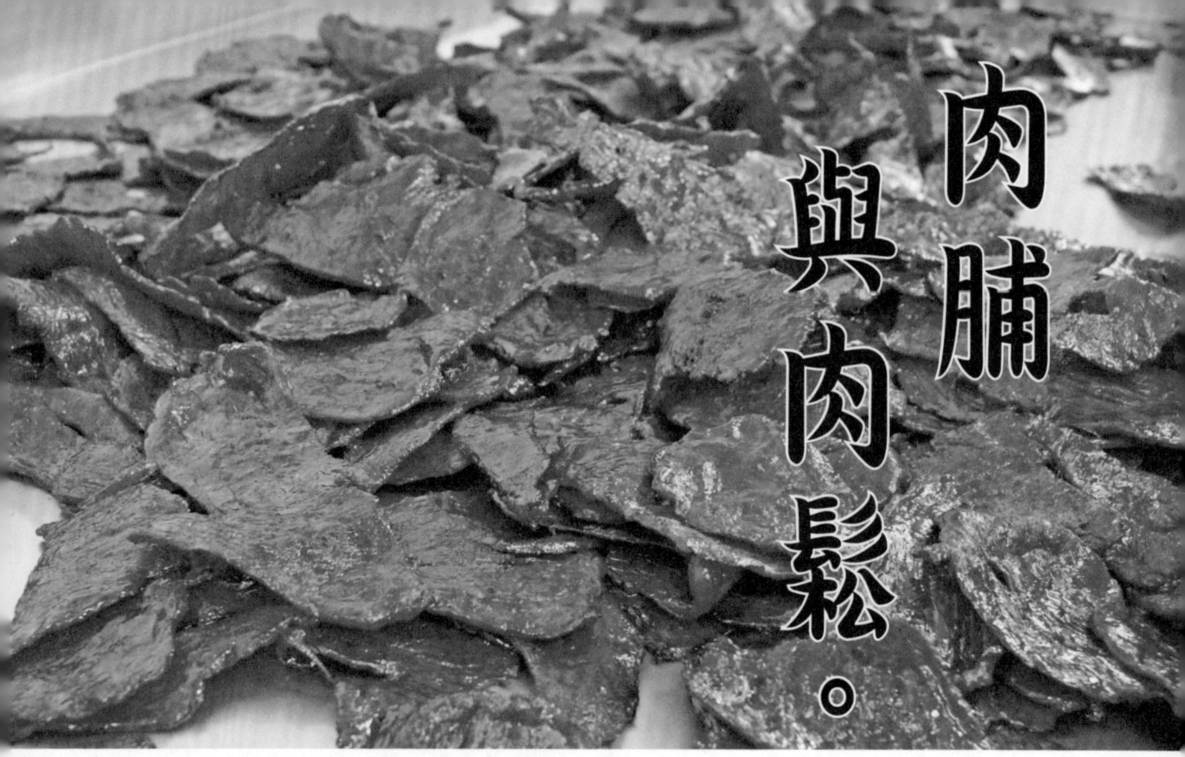

肉脯與肉鬆。

第一堂

無煙龍眼炭古法烤炙，把美味凝煉成感人的精品

近九十年的「廣興肉脯店」，肉乾滋腴悠香，與精采的店史齊名。採訪前，期待可以目睹老店美味製作過程，看店家如何將新鮮軟肉醃漬入味、再以紅糟上色提香，看店家如何以無煙龍眼木炭古法烤炙，在肉澤紅亮，不見焦斑之下，味道又是如何？

位於民權路一段，「東嶽殿」廟前方的巷子裡第二家。店老闆陳敏德先生，個子不高，訪談時，他先從東市場周遭的歷史沿革，和民權路一段老

薄切片的後腿內側豚肉，醃漬後披在竹篾上吹風，讓漿汁收乾

街的興衰談起，再敘述到叫做「黑豆仔」的祖父倪炎燈，在日治時代，如何於十三歲時，與姑姑到廈門學做肉脯。最後陳敏德談到他自己年輕時加入「食品加工班」上課，學得如何在傳統裡提升食品的安全衛生。完整而清晰的過程，也敘述了百年來府城食品業的歷史悲喜。最後說到對肉製品的專業與熱情時，他的身影變得高碩起來，如同他所描繪的府城庶民鮮活的生活歷史一樣。

「廣興」有香腸、肉絲、臘肉、肉乾、肉酥和肉脯。先說說「肉乾」，清晨三點，陳敏德就到了屠宰場，他笑著說要趕著去看豬的「屁股」，因為他們家的肉製品都是以後腿肉製成的，結實的臀部與優美的弧形，就顯示沒有贅肉和餘油，同時反應豬隻的健康狀態。這樣新鮮的優質肉，再依不同的部位做出不同的肉製品，比方說肉乾就是以腿內側的軟瘦肉做的。每次大約採買五百斤的後腿肉，清晨八點前，「一定」開始進行烹煮前置作業。陳敏德說，因為溫體豬肉，由肌肉蛋白質水解成氨基酸的前三個小時，肉質最美味，所以一定要把握時機。

關於早年「肉脯」稱呼，因為熟的瘦肉塊在石臼中「撫開」的工法，改成台語發音的「肉脯」。廣興的肉塊，則先滷四個小時，以中藥醬汁清熬不加鹽，滷汁收乾才調味，紅糟上色，接著加熱「撫」散肌肉纖維，不同的進度，有不同的火候。

如果是要進一步轉化成「肉酥」，則要再增加兩個小時文火慢炒。陳敏德敘述當年阿嬤如何「發明」了台灣第一次的肉酥有趣過程：很早以前，阿嬤還年輕的時候，有一天正在碾製肉脯，到了最後的「潑油」工續（就是把肉脯微量上油使其散發出豐腴味道的收尾工作），阿嬤個子矮矮的，對著高大的鍋爐，結果一鬆手，把整碗油倒進肉脯炒鍋裡，因為捨不得作廢整鍋肉脯，也怕阿公的怒罵，偷偷地用小火慢慢收乾多餘的油汁，幾個小時後，油汁是收乾了，東西卻成了「肉酥」。但是，因為「入口即化」的香酥好味，頗受歡迎，美好的結果是，成了招牌肉品之一。

本來以為肉脯、肉乾就像一般傳統市場裡的一些攤位的簡單處理過程，在炭火上刷著甜滷汁，膩甜而耐嚼。不知竟有「廣興」老店以古早嚴謹的工續，一道一道，把美味凝煉成感人的精品。

「廣興肉脯店」

台南市中西區府前路一段90巷62號）

06－222－7447

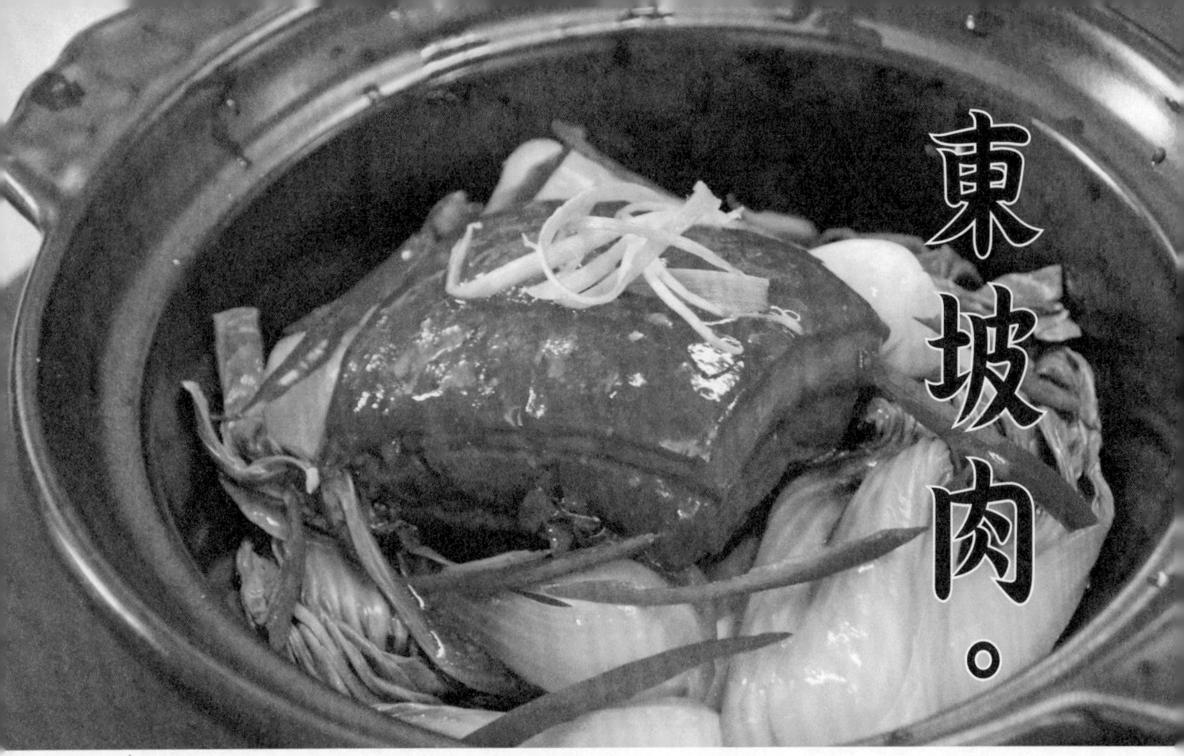

東坡肉。

第二堂

擅長釀酒製醋的酸菜老爺，也有一番講究

「延齡堂」七十年前是安徽的老中醫鋪子，之後成了府城精緻的醋食名店。那是大時代的文化大遷移後，一個美好的結果。當然，過程是艱辛的。話說第二次世界大戰結束後，許多大江南北的人們因為後來的內戰，遷徙到台灣，一些則落腳在府城。年輕的吳超群就這樣攜著青梅竹馬的老婆在安平落戶，因為是中醫世家，所以身上的大戶人家的美食基因，讓他即使流離他鄉，也有一番講究。

東坡肉的製作工序繁瑣，佐料也相當要求，煎糖上色都是學問

走過那個年代，擅長書法的吳超群，常在安平的小馬棚寫生，終成了台灣水墨畫馬的第一大家。在濃淡的墨色中表現揚蹄、奔塵、靜處等等，那種氣吞山河的不馴或是跋涉歸來的緩步，能在走筆快慢，與墨色潤乾之間鋪陳。這種重量級的人文韻底再轉化成美食，關鍵人物是第二代的吳瑞麟，他繼承了父親的筆墨本事，但也繼承了江南母親家傳釀酒的技法，如何釀製家傳紹興女兒紅，是吳家傲人的佳話。基本上，會釀酒的都會製醋，一手好醋。「延齡堂」幾年前搬到北區富北街，繼續以各式各樣的醋飲營業，也增加其聞名高粱醃製的酸白菜火鍋，生意興隆。

我倒是喜歡他店裡的東坡肉，醇腴到味，肉香滋然。說說「東坡肉」典故，北宋的王安石戮力新法變革，蘇東坡反對，而求外職。貶任杭州通判，在此旖旎風光的西湖，他樂得寫下：「水光瀲灩晴方好，山色空濛雨亦奇；欲把西湖比西子，濃裝淡抹總相宜」。一天，他在杭州路上看見一對年輕的農家夫婦抱著幼兒急著尋覓醫生，蘇東坡趨前說他略知醫藥，也給一些意見。感激的年輕夫婦邀他到家裡盤桓做客，蘇東坡欣然前往，過夜。次日，蘇東坡面對稻田綠波，正醉心吟哦著「禾草珍珠透心香……」，沒聽到背後剛從市場買了一方五花肉的農家主人呼喊，他高舉著以稻繩所繫綁的方正肉塊，問著蘇先生要如何烹煮？蘇東坡沒有回身，只聽到反覆說著「和草整煮透心香……」，年輕的農夫以為這塊肉就「綁著稻草一起下鍋煮，煮透了就香」。這個美麗的誤會就成了「東坡肉」前身，一直到了蘇東坡被貶謫黃州，蘇東坡發揚光大這個綁著草繩的方肉，也得了「東坡肉」美食嘉名。

先整肉，六公分見方的五花肉切得方正，以綿繩十字綁緊，下沸水汆去腥味。起熱鍋乾炒冰糖，文火中不停炒動，直到完全熔成糖漿。另外起一大鍋，放置肉塊倒入醬油、黃酒和整枝蔥、蒜頭、肉桂葉、老薑、整枝辣椒和八角等等，最後淋入熱焦黃色的糖漿，開始小火熬煮數個小時，讓湯汁收乾成濃稠漿汁，即可。其實，每家餐廳烹調東坡肉手法不盡相同，但我迷戀延齡堂的東坡肉，切片後放入滿是芝麻的燒餅中，一口咬下，略嫌酥脆乾鬆的燒餅，吸附肉膏與肉汁，成了絕配，滿口豐腴生風。

—延齡堂高粱酸白菜火鍋—
台南市北區富北街50號
06—221—0110

豬心冬粉。

第二堂 

台南最好吃的膽固醇，儘速食畢可別等

近年，我比較少吃「阿明豬心」了。原因是他成了「台南十大要排隊的小吃」前三名，我不耐排隊。二來，為了建康理由，醫生告誡我「少吃！」所以每次路過總行注目禮即可。可是撰寫台南的《小吃研究所》，焉能錯過如此經典的美食？

台南有幾家「豬心」料理小店，最出名的「四大豬心」：阿明（保安路）、阿文（大智街）、黃氏（文化中心旁）、大胖（文南路）。其實這四間小店都系出同門，源於民國四十年，阿明豬心的

當然你不能僅僅吃了豬心冬粉就走人，各式的豚美食都來一盤才是

創始人黃菖蓉。人稱阿蓉伯的他，原本在保安宮前的大溝頂推車賣食，後來從當歸鴨轉為豬料理。目前人氣最高的是阿明，即是他的么子。

除了阿明，其他三家都是府城當地人的私房美食，鮮少外地遊客上門。阿明獨紅，那是網路發達，阿明又受到平面媒體大量報導，所以暴增的外地遊客、食客成了滾雪球現象。當然，除了美食報導或是營業地點好之外，還跟阿明超級的記憶容量與算術能力多少也有關係。食客在漫長的等待中，看他一人包辦切、剁、煮、汆、沖、醬、涮……雙手快速起落，火候得宜，每桌所點的菜色不須重複叮嚀，到最後算錢結賬，分毫不差，所有手上忙的，腦袋算的，他完全同步進行，不假其他人分擔，這也堪稱是精采的「餘興表演」了。

阿明豬心店家，當夜色接近燈火初起，便已經人潮聚集。你可以分別點了豬尾巴、乾腰子、清燙蒜頭拌豬腳肉、乾鴨腸、骨髓、腦髓、豬肝等等，這些都是招牌。燉鴨腳、鴨翅則是許多老饕的最愛。這些美食除了新鮮，唯一祕訣：隔水加熱。

但是，多數人都與我一樣，是為了「豬心湯」而來的。他的豬心薄切片就是「嫩」字形容，軟嫩中帶有微微脆感，不易複製這種口感。老饕都知道豬心要好吃，不能久煮，會老。這幾家「兄弟爬山，各自努力」店家的做法：將豬心薄片放入鋁杯，加入清雅的高湯，調味。再將鋁杯置入大鍋湯內，隔杯燙熟，這種以內外鍋的加熱烹調方式，可以將所有鮮甜腴香「鎖」在湯汁裡。燙熟後，撈起，倒入碗中，再加上些許冬粉、薑絲，淋上點米酒即可。豬心薄片直接入口，也可沾些略甜的油膏（裡面也有薑絲，這是台南無醬不歡的證明之一）。

叮嚀：豬心湯請儘快吃完，賞味期極短（三分鐘）。其他的菜餚，慢慢來無妨，外面排隊的人群，就讓他們再稍候些。現在我多去阿文，少了排隊之苦……而且更好吃（小聲）。

┃阿明豬心店┃
台南市中西區保安路72號
06－223－3741

┃阿文豬心店┃
台南市中西區大智街92－1號
06－224－4137

麻油腰花。

第四堂

薑片煸炒出味，
兩分鐘決定爽脆彈牙腴甜生香

立冬日，台灣習俗一般是吃麻油雞進補，或是四物、八珍、十全等，「麻油腰花」就是麻油補品中的極品代表。

府城沒有單獨以「麻油腰花」營業的店家，多搭附在「鱔魚意麵」的菜單。台南精采的鱔魚意麵店家不少，有民族路三段的阿江、健康路的耐龍、成功路的阿源、西門路二段的阿輝、府前路的進福、南區新建路的目鏡仔、沙卡里巴的老

彈勁爽脆的腰花切片，入口，即知火候高低與油韻薑香的境界

牌鱔魚廖、國華街的黃記、開元路的阿銘和大東門城旁的真味……這些名店不少有供應「麻油腰花」，乾炒或是湯品。

腰花（輕輕交叉劃出刀痕，汆熟了後有明顯「花」樣），就是豬腰、腰只。挑選建康的食材非常重要（這些老店都有配合的肉攤，提供最高品質的食材，這是一般家庭主婦無法項背的），而剔除白筋血管組織（白色纖維膜內有一個淺褐色腺體，那就是腎上腺），經驗與耐心不可缺一。然而，此物富含蛋白質、脂肪及維生素，中醫裡具健腰補腎作用，常用來做為補品食用。

開始切片（斜切，也可以輕劃幾下花線，使其易受熱）備料，新鮮腰片先要入鍋汆燙半熟，立刻撈出，放入冰水，讓肉質組織收縮，引致爽脆口感。另外，一邊爐子起火，以香油（不是黑麻油，麻油不能受熱太久，會苦）熱鍋，將薑片煸炒出味。再投入腰花片，鍋鏟快速翻動，加入濃香逼人的麻油，也淋入些許米酒（如果先泡過枸杞最好），鍋底猛火凶爆低鳴，這個畫面會讓人血脈賁張，引發食客饗齒生津。腰花趁熱入口，爽脆彈牙，腴甜生香，再加一片脆薑咀嚼，配一小瓢麻油湯汁。在冬夜，這番享受，是人生一快！

在台南，賣鱔魚意麵者，都是歷史悠久的傳統小吃店家。大東門城旁的「真味鱔魚意麵」是府城的名店之一，從第一代的郭古傳至第二代郭信全，受到老饕的美譽。可是在老一輩凋零後，改第三代郭家宏、家良兄弟上場，我也少去了，總覺得「少了些說不清的神韻」。三年後的冬天，我再去，這次有驚喜了，那個「那個爽氣彈牙的精氣神」回來了。

然而，我更驚喜「麻油腰花」，腰花入口在齒間迸開，咀嚼再三彈牙依舊，鮮脆不膩，薑片溫順與麻油湯汁味道香醇，也令人饞嘴依依。

…………

「城邊真味鱔魚意麵店」
台南市東區東門路一段235號
06－209－1235

南煎肝。

第五堂
早期的酒家菜，五味紮實又美味彈牙

豬肝，一直是料理中的重要食材，又稱「肝片」，廣東人則稱「豬潤」，富含鐵質、蛋白質、維生素ABCDE、卵磷脂、磷元素與葉酸等營養素，當然膽固醇普林含量也高。正常的豬肝，含脂肪約總重百分之五，正常的顏色是褐紅色。「粉肝」，則是含脂肪約總重百分之十以上，顏色較淡，偏粉紅色。有些老饕偏愛此粉味，口感軟嫩，台南的香腸熟肉店多提供這道汆燙美食，切片沾醬吃，頗有膏麗腴豐口感。

以高溫大油煠過，將美味鎖在大塊的豬肝片裡，再調味炒過

市面常看見的豬肝料理：豬肝湯、豬肝麵、及第粥（廣東粥的一種，傳說以前有一書生落難，得人施捨一碗粥，內放有各式豬內臟雜碎。後來他狀元及第，故以及第命名此粥。原料包括肉丸，豬粉腸，豬肝與腰花）、金錢雞、青蒜炒豬肝、青紅椒炒豬肝、滷豬肝等等，甚是有德國豬肝腸。

至於，阿霞飯店精采華麗的煎炒豬肝怎麼回事？首先是食材的取得，店家有固定攤販提供質優的整付豬肝（這是專業主廚每天要檢查的首務），廚房有專人處理多筋脈的食材（清水中加點醋，將豬肝浸泡兩個小時盡出血水），切塊備妥（同時適量地瓜粉、胡椒粉，米酒抓勻）。同時，也備料：新鮮紅黃甜椒切塊、熟腰果。起鍋，多油且高溫。豬肝切塊先入油鍋翻炸，鏟子要快速翻動，讓每塊豬肝受熱均勻，當豬肝變色後立即起鍋，瀝乾，待會再入鍋。第二，甜椒入鍋，三五秒鐘即要快速撈起（使其口感更加爽脆，集中置放於餐盤底部。同樣油炸處理腰果，將腰果的脆香鎖在炸油之中，起鍋後放置一旁，待用。

另起一鍋，少油，高溫，這時將蔥蒜辣椒薑末以大火爆香，淋上醬汁、加入大骨高湯，當湯汁開始收乾之際（烹調中間，有微量地瓜粉勾芡），陸續加入鹽、糖、醋、米酒等等高辨識香味的調味。整個料汁顯得濃稠焦黃，再把六分熟的豬肝入鍋與濃汁快速高空翻炒，讓豬肝均勻裹上料汁，最後加入香油是點睛之筆，使其味道更加香醇濃郁。起鍋後堆置在甜椒上，最後鋪撒酥脆腰果在最上端，即可出菜。老台南人稱這道為「南煎肝」，它屬福州菜，也是早期的酒家菜。

一阿霞飯店一

台南市中西區忠義路二段84巷7號

06－222－4420

06－225－6789

第六堂

使出「燙、泡」雙刀流，才能換得爽脆口感

豬肝湯許多家庭都會烹煮，選得健康好看的粉肝，切得薄片（熟得快）。燒一鍋清水，加入些許酸菜薄片、新鮮嫩薑絲，鹹味調好，靜待水沸。大火大沸，將豬肝片丟入鍋中，以筷子協助攪動使其受熱均勻，很快地湯水再度沸動，立刻關火，將豬肝湯入碗（千萬不能繼續停留在高溫的鍋內，豬肝會變得熟硬）。加上幾滴香油入湯，即可上桌。這是家母的豬肝湯料理工序，簡單，乾淨俐落，我自己也學得如此料理。

台南街坊的豬肝湯，我的美食經驗，首推大東門城的「城邊真味炒鱔魚意麵」。要煮出滑嫩爽脆的口感，此湯的表現分為兩部分，一是豬肝食材品質的良劣，二是火候的表現，這是專業手法，我學不來。

基本上，專業的豬肝湯不是「煮」的，而是「燙、泡」雙刀流。

首先將豬肝切成厚片（這是硬裡子的工夫高手基本要求，如果薄片，無法展現一口咬下的爽脆感），調入些許米酒（有人則多加了少許芝麻糊一起泡，約五分鐘入味即可）。薑片要先以油鍋爆香（薑片是要去除豬肝先天的腥味），薑片爆香後，鍋子加水，大火煮開，水沸加入半杯冷水降溫，約是九十五度，鍋爐熄火，把入味的豬肝片入鍋攪拌，讓豬肝表面變色、燙熟。立刻撈起，放入冷水中降溫，讓豬肝不繼續因為餘溫慢慢熟硬，而且冷水能使得豬肝塊收縮，更加緊實，容易表現彈牙爽脆的口感。

另外，再起一鍋有薑片的新水（如果用舊水，湯色會混濁）煮沸，燒開後調味，放入蔥段（台南人會加入酸菜段），立刻熄火，再把冷水裡的豬肝片放入熱鍋內，淋上香油數滴即可。簡單，但是火候拿捏是關鍵。我會多練習幾次，但是名店的豬肝湯還是不會放棄。

……………………………………

「城邊真味鱔魚意麵店」
台南市東區東門路一段235號
06－209－1235

「恭仔意麵店」
台南市中西區新美街32號
06－221－7506

什麼是彈牙？門牙輕咬豬肝片，加壓，然後在口腔迸開即是

香腸熟肉。

第七堂
吃菜配話，
府城人閒適的生活方式與態度

當你到府城嚐美食，如果這一道「香腸熟肉」飄入你的美食清單，而非「黑白切」，那你已經是半個府城人了。

香腸熟肉？剛到府城的遊客絕對搞不清楚。其定義是：「富有特色的地方傳統小吃攤。主要販售香腸、粉腸、蝦捲、糯米腸、肉類與海鮮等食物，於購買時切成所需之數量售出」。在台灣其他地方俗稱的「黑白切」，在台南則有個特別的名字，而且是進階版：「香腸熟肉！」。府城人

這一道美食真的道盡府城美食的富饒，各式熟食蓄勢待發

不陌生，這種草根性很強的古早味點心，最早是推著小攤子帶著幾張椅子在路邊沿街叫賣，點菜時，請老闆切幾種好吃的糯米腸、香腸、菜頭或是豬心，菜量多寡則視人數而定、價錢由老闆視食材自個兒衡量分量。然後就捧著一盤一盤在路邊、廟前蘸著醬油膏吃了起來。

在這個小吃聞名的城市，仍有那麼幾家讓人閒來「吃菜配話」的香腸熟肉攤。之所以介紹這種小吃，主要是闡明府城人的「悠然閒適」的生活方式，可以從隱身在美食之中的「香腸熟肉」窺探到一二。三五談話投機的好友，叫幾盤好吃的切仔料，再來瓶啤酒，這個就是小市民的幸福！所以，來府城，如果只吃熱呼呼的虱目魚湯、擔仔麵，而不來午後的香腸熟肉老攤，在吵雜的人聲中，坐上椅子，向老闆喊著：「頭家，切一百！」，那就太可惜了。

我喜歡民族路石精臼的「清子」，店名就是現在的負責人許清子的本名，她在此崗位已屆五十年了，自祖父開始，一家三代都是做油湯生意。清子從小就跟著父親許龍雄在店裡幫忙，習會了各式香腸熟肉的製法，其不像一般滷味添加各種香料藥材，而是紮紮實實的原味食材，必須要有多道的處理程序，才能去腥，彰顯肉香。

最有名的就是糯米大腸、粉腸和蟳丸。香腸熟肉其他菜色有肉類則有香腸、豬舌、豬肝、豬心、豬耳朵等，另外如鴨血、魚卵、小卷、章魚、菜頭、筍子、鯊魚肉、鯊魚皮和鯊魚肚等等亦是不俗……客人來時，只要說要吃啥，老闆便會看客人的人數而自行調配分量，若不是熟客，則老闆會幫忙選擇幾樣菜色來搭配。切成小塊，蘸特製的醬油膏吃，也蘸用府城的悠閒隨興，一起下腹。

━清子香腸熟肉店━
台南市中西區民族路二段248號
06－220－6158

━阿魯香腸熟肉店━
台南市中西區海安路一段65號
06－222－6128

燒肉飯。

第八堂
用炭火，保留燒肉的炙香風味

府城有一種美食「燒肉飯」，普遍而熱門。最早的始創者是「古都燒肉飯」。日治時代，阿公娶了精通日式廚藝的日本籍阿嬤，兩人鑽研符合府城老饕口味和炙肉做法，從小小店起家，桌子由原來的兩張漸漸擴張到十張，生意蒸蒸日上，可惜一把無名火把多年來的店面化成灰燼，兩老也就收山。下一代接手，在民族路重新開張，且正名為「古都燒肉飯」。當時只有幾坪大的店面，名氣震天戛響，用餐時段人潮滿滿，舊雨新知都十分滿意，甘心在爐火前流汗排隊，為的就是嚐上一碗已經富有府城美食精髓的「台式燒肉飯」。可惜物換星移，今天台灣有加盟的「古都燒肉飯」，已非當年的原味了。不過，從此許多城市都有這個微微偏甜的燒肉美食了。這個故事，算是府城美食史的一頁。

所謂「燒肉」，選用帶薄油花的嫩肩里肌肉，醃漬入味，再以捶打方式讓肉質薄身，嫩軟而不柴，最後再以炭火烤炙，同時不斷刷上蜜過麥芽糖的滷柴魚醬油汁。

在台南現在幾間比較有名的台式燒肉飯，成功路台南燒肉飯、永康中山南路民族燒肉飯、民族路明卿蝦仁飯、金華路佳味燒肉飯、國華街千隆燒肉飯、海安路京肴燒肉飯、永康大廟口燒肉飯……目前府城的新秀是「永樂燒肉店」，也是落腳在民族路。店名「永樂」，那是因為所在「民族路三段」舊街名為「永樂路」，斜對角就是「永樂市場」。

永樂燒肉店「僅僅」開店才二十年多，但是，燒肉上的獨特傳統風味，卻彷彿百年老店般的道地。選用頂級溫體里脊肉，肉質鮮美肥嫩，獨家香料醃漬，以木炭燒烤，精準控制火力和火候，完全保留燒肉的炙香風味。白飯配上筍乾絲、嫩薑片。一份套餐除了燒肉飯，另外還附有加了油條的味噌湯（佐食的湯色，使用大骨湯為底、帶著柴魚香氣）；沙拉的部分，則使用玉米筍、高麗菜絲、小黃瓜片、火腿片以及水煮蛋搭配而成，交錯淋上的是千島醬。

|永樂燒肉飯|

台南市中西區民族路三段16號

06－228－1516

肉油滴在炙熱炭火上，滋滋作響，肉香混著醬汁的燻煙

魯肉漢餅。

第九堂
老府城人津津然，重溫味蕾的美好記憶

魯肉這個味，是由漢餅店的百年味道「古早肉」演變而來，所謂「古早肉」則是肥腴豬肉裡藏有冬瓜糖、蔥酥，百年多來，一直受到喜愛。然而七十年前，府城富商侯雨利要嫁女兒，新娘要求不要「肥」要「瘦」，希望有新口味。於是，舊永瑞珍所研發了「魯肉」，精選新鮮豬赤肉與香菇（當年台灣還不生產香菇，多是透過舶來品店家從日本帶回，現在依舊使用日本香菇），搭配老店老師傅獨家醬料拌炒，熬煮多時，最後收乾醬

深入老餅鋪製餅的機密要地，觀看老師傅嫻熟的手藝，享受

汁而成，軟嫩味腴。接著再與低筋麵皮製作出口感香、少鹽微甜、不油膩的招牌魯肉餅、延續至今。

今天有些店家，精選豬後腿肉與特級香菇完美結合，稱之香菇魯肉餅。也有調入遠從印度引進純正咖哩黃金粉，為招牌魯肉餡創造新的異國情調的新風味。也有人以基本魯肉，加上嚴選的綠豆沙內餡，採兩面煎法，製成外酥內軟的口感。甚至還有五香魯肉餅、萬巒豬腳魯肉餅等等，當然，這些已經與傳統古早味漸行漸遠了。

常常有人問我要推薦府城伴手禮，我總回問送給誰？送禮對象的背後重要人物是誰？是家裡的長輩嗎？如果是逾七十歲以上的老爸老媽，或許古早味漢餅，會是好選擇。理由：這個味道現在其他城市不容易吃到了，他們已少了這個傳統東西，如果有，味道也變了。想想，如果有一種美食記憶，是老人家他們年輕時的「奢華好味道」，嚮往但不易吃到的珍貴甜食，懷舊，又能勾起昔日美好「往日情懷」的回憶。那個畫面是：當他們第一口咬下，便笑臉驚喜說著這是我小時候的味道！好懷念哦！那是多好的伴手禮，你可以試試「舊永瑞珍餅鋪」，他們有幾個古早味，「魯肉餅」是其一。

府城有諸多老餅鋪，整年製作喜餅、漢餅的專賣店，可是讓我到了中秋一定要咬它一口，才算過節的，首推「舊永瑞珍」餅鋪。單調的店面，連燈光都陽春到不行的府城名店，可是豐腴、美味、香酥、華麗等等美好的美食形容詞，府城老饕卻不吝嗇地讚美他與肯定他。

今年七月，我再度採訪「舊永瑞珍」店後的烘製廚房，有七、八位製餅師傅，靜默而忙碌地製作著各式各樣大餅、月餅。坦白講，真是一次美好的經驗。看著眾位製餅師傅的動作，彷佛一齣香味四溢的豪華默劇。舊永瑞珍的漢餅甜而不膩，香而不油，皮薄餡爽，特別的是不同餡質的調配度奇佳，入口有倍覺隆重和濃厚文化堅持的傳統味。

老店沒有驚人取寵的創新餡料，也沒有精緻奢華的過度包裝。但是，傳統熟悉又親切的古早美好滋味，仍有許多老府城人津津然，屢屢重溫味蕾的美好記憶。

「舊永瑞珍餅鋪」
台南市西區永福路二段181號
06－222－3716

爌肉飯。

第十堂 以排骨肉完成的爌肉，造就府城美食傳奇

肉厚滷透，腴嫩多汁，醬色深邃，都是形容「爌肉」美食的關鍵字眼。「爌肉」二字坊間有人寫為「焢肉」、「炕肉」。說說「爌肉飯」定義：那是一種以白飯佐以燉煮豬肉的米食，有時「白飯會澆鹹」。配菜則以醃菜類（酸菜、梅乾、黃瓜或白蘿蔔等）及筍絲為主。這是台灣非常庶民的美食，從北到南，名店不少，各有千秋。

先說說「五花爌肉」上色的祕訣：先乾煎五花肉，可讓肉塊外皮熟脆，焦香，加上炒糖色，呈現油油亮亮的焦糖色澤，更顯漂亮秀色。

我喜歡大同路（大同路、府連路、法華街的三叉口）的「上富小吃店」，第一次去，是二十年前，與一位酷嗜肉食的長輩前去，有被驚豔到，印象深刻。近年因為出入動線不同，少去了，這次為了肉食寫稿，特別「重溫舊夢」，一樣品食爌肉，仔細端詳，細細咀嚼，舌尖生香，油肉與瘦肉之間的幸福交纏，還是印象鮮明而且美好。

上富小吃店以鐵皮搭成，用餐空間陽春，排隊人潮多，老客人倒是井然。他們就怕輪到了時，阿嬤說「排骨賣完了」，那真是前額三條線了。所謂排骨，就是爌透了的排骨肉，上富排骨肉都是由供應商送來整塊，然後店家自己分切處理，從早上六點左右就開始滷爌，午餐時間一開鍋，香氣四溢，凡人無法擋，很多人一吃就是三十年。

你可以佐配川芎腦髓湯或排骨酥湯，也是精采。補述：如果單點「炸肉」也是好選擇，炸肉就是炸排骨，炸粉是買新鮮土司來製作的，所以麵衣色澤金黃，酥中帶脆。

小吃店目前是第一代阿嬤與第二代同時上場，阿嬤姓賴，十四歲起就在爸爸的炒飯、「中食」小店擔任幫手，當時店址在東門圓環附近（府城傳奇小吃集中地之一），後來嫁給店裡的師傅。直到民國五十七年東門圓環改建，搬到台南大學附小的牆邊。後來開山路拓寬，上富再度遷移到現址，也開始賣起「排骨飯」。這家以處理排骨肉方式完成的爌肉，是府城美食傳奇之一。

【上富小吃店】
台南市中西區大同路一段144號
06－213－1503

這一塊滷排骨軟嫩腴香，不用費勁咀嚼卻是滿口生津

肉臊飯。

第十一堂
台南的國民飯，餵飽十幾個世代

「肉臊」絕大多數的店家都寫著「肉燥」，無妨，但是寫書嘛，總要嚴謹。

肉臊，北方人稱「臊子」，陽春麵稱之「臊子麵」（也有稱哨子麵），這是西北地區——陝西關中平原與甘肅隴東的傳統麵食，以岐山臊子麵最著。臊子做法其實不難，就是將肉切丁，加以各種調料，香醋，辣椒等炒製而成的。臊子，也就是吃麵條的時候在麵條上澆的滷兒，是萬能的麵醬。把臊子做得最好吃的是四川成都，而把肉臊

府城的肉臊名店，都有一鍋老滷，那是鎮店的「味之魂」

煽得最好吃的是府城。我們就來說說府城的「肉臊」……。

府城最道地的內臊做法，則是熱鍋油蔥爆香後，以豬頸肉（切成細小方丁）來熬，耐熬而不糜爛，加上獨特調味料。冷卻之後，起鍋放在甕中，陰涼處靜置三天，使肉臊的香氣真正「醒」出來（概念有點像紅酒的「醒酒」），販售時再回熱。府城擔仔麵的肉臊、傳統米糕的肉臊都是這般製法。其他如米粉炒、肉臊粿、碗果等等則是簡化多了，沒這麼「厚工」。

肉臊飯是府城的「國民飯」，各式小吃店多有肉臊飯供應，競爭激烈，「合味」是基本要求，古法肉臊熬煮的滷汁則是更上一層樓的「內功」。「阿和肉臊飯」位在府前路頭，近東門圓環，一般旅遊雜誌較少介紹，但卻是許多在地人的口袋名單。我們來瞧瞧本地老饕的私房肉臊飯吧！他的關鍵肉臊飯是標準府城味，白飯上的小丁肉屬純肥肉部位，但整體的油脂味讓人口頰留香，不會油膩，飯裡澆了點鹹。

攤前，陳列當天新鮮的虱目魚（也有些不同種的魚類），有販售魚皮湯、魚丸湯，也有豬腸、三層肉、荷包蛋、香腸、高麗菜、筍絲、鯽魚等等，老顧客都知道攤面上懸掛的招牌是參考用的，知道深淺的老饕瞭解這裡菜色，像是「飯桌仔」的家常味，有些隱藏版的美食。老闆葉順和（阿和）頭髮半白，身手矯健，眼觀耳聽，快速且有條理地將客人點的料理做好。

最後，講個府城人的驕傲，他們說：「台南的肉臊飯有趣在看肉的大小、湯汁、碗，就知是哪家！」

—阿和肉燥飯店—
台南市中西區府前路一段12號
06—220—2619

—夏家手工魚麵店—
台南市中西區府前路一段343號
06—214—4400

—福生小吃店—
台南市中西區海安路一段100號
06—228—2998

龍眼蜜滷豬蹄花。

第十二堂
豬蹄肉香鎖住不外溢，適口香醇嚼味宜人

豬腳這味肉食，台灣高手如雲，各地都有以豬腳美食聞名的店家。放眼這道美食，其實大陸的豬腳美食，也是精采萬分，甚至源遠流長。北京有「紅燒元蹄」（或稱紅燒肘子）是京菜中的名菜之一。「冰糖肘子」則是北京譚家菜的名菜，把豬肘子煮、蒸而成。「白雲豬手」是廣東名菜之一。川菜有「東坡肘子」和「焦皮肘子」。「酒香椒鹽肘子」是魯菜名菜之一……。

在廚房拍照，也是一種煎熬，蜜香滷香肉香不斷地襲湧入鼻

府城的豬腳名店或是隱藏版的小吃，甚多，臥虎藏龍。來說說「西井村」，店名，就是耄耋之年陳再安創業人的嘉義鹿草鄉老家。陳再安四十年前以「金葉蛋糕」的花式蛋糕開創了一頁蛋糕傳奇，那時台灣經濟開始起飛，蛋糕還是奢侈品的年代，金葉的「主題式」蛋糕開創了品味生活新觀念。十多年前陳老師傳美食的觸角，回歸他最喜歡的台灣滷味小吃，舉家南居。擴大創新「西井村」的龍眼蜜滷，以特殊設計的「薰烤爐」把滷味的顏色做到最美，以醇香老滷汁的細膩味道，當是傳統小吃美食永續發展的根。

西井村的老滷汁濃郁甘甜，不加醬油，不死鹹，微辣，這一鍋已經陳年了三十多個寒暑，是獨家十多種配方青草醬與龍眼花蜜熬煮的。略述他家的「黑輪」魚漿，是七成的白腹魚或鯊魚肉，加上三成白帶魚所混調製作的，有自然的魚肉鮮美甜香。再以傳統大鍋燒煮滷熬，不用速成的高壓快鍋，慢慢地用小火入味，煮到透心，魚香餘香，綿勁好食。

回來說最經典的「龍眼蜜滷豬蹄花」吧，先從汆燙過程談起，滾沸水中有老薑片、蒜球、蔥段、米酒和些許鹽，這些都是為了去腥去雜質之用，煠燙二十分鐘後起鍋，在不繡鋼槽裡加入可以去油質的酵醋水，然後再幫這些前腿小肉塊 spa 按摩，接著冰鎮兩個小時，為的是，豬蹄肉的肉香可以鎖住而不外溢，同時增加嚼勁口感。熬煮燒滷時，先十五分鐘大火，接著微火一個多小時，關火，但是持續六個鐘頭時間不起鍋，這些蹄花肉仍浸濡在溫熱的老滷汁中，長時間入味。這就是西井村的「龍眼蜜滷豬蹄花」，適口香醇，嚼味宜人。

西井村蜂蜜滷味
台南市安平區安平路418號
06－228－9619

集品蝦仁飯
台南市中西區海安路一段107號
06－226－3929

阿霞飯店
台南市中西區忠義路二段84巷7號
06－222－4420
06－225－6789

阿明豬心店
台南市中西區保安路72號
06－224－3741

阿文豬心店
台南市中西區大智街92－1號
06－224－4137

台式香腸。

第十三堂

台南仕紳媳婦的基本技法與品味

「灌香腸」是早年府城仕紳家的媳婦炫技絕活，每到年底，她們都要展現大戶人家媳婦的氣度與才藝。「隨便」都是二十斤起跳，從挑選肥瘦恰當的肉品，再到調味處理（每個人家祕方都不同），以腸衣灌製完成後，會在竹竿上曬幾天南台灣的溫暖冬陽，讓油氣收斂，也讓肉香更醇厚。然後開始分贈長輩親友，有些「展示國威」的味道，因為有些耆老會收到不同人家的「孝敬香腸」，他家的餐桌成了競技場。這是早年那個時

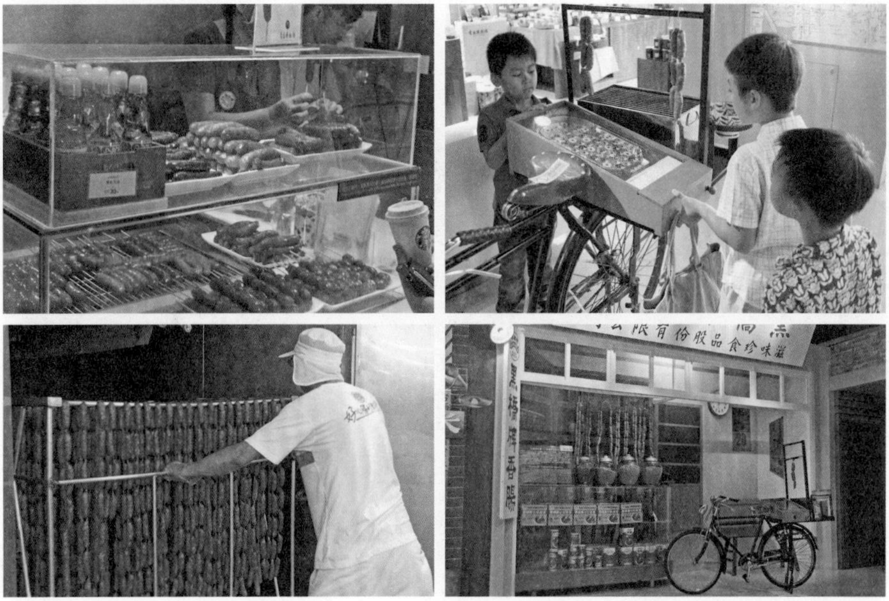

博物館建築有戀戀古情，工廠卻是一絲不苟的軍事管理

代的故事，現在這樣做法的人家少了。

但是，府城仍有許多「香腸名店」，即使是名牌「滿漢香腸」也是源於府城。我們想說說另外一個府城香腸名牌「黑橋牌」。或許你在不同城市的超商買過他家的香腸，但是，在府城重新認識「從前在烏橋旁的一爿香腸店」，意義格外不同。

故事發生在太平洋戰爭後，來自白沙崙鄉下的年輕小伙子陳文輝，到了府城運河討生活，從拉人力車到製作魚丸夥計，再到肉脯名店滋美軒工作。當兵前，他已經在運河烏橋邊創業製作香腸，每天在保安市場販售。當兵回來，民國五十二年遷到沙卡里巴商場外圈的海安路，設有一爿香腸小鋪，生意鼎盛。當年沙卡里巴是府城觀光景點，南來北往的遊客總有買伴手禮習慣，於是小鋪的香腸也飄香到了台北，於是需要有個品牌，最早創業的「烏橋」處，變成了「黑橋牌」漢字，民國五十五年正式登記註冊。十年後，在台北漢口街設了第二門市，接著在高雄鹽埕區設了第三門市，自此走向台灣的品牌。

黑橋牌香腸雖是家喻戶曉，但是位於安平工業區的生產線卻很神祕，我得有採訪機會，一身宛若手術室的白袍、帽、鞋才進了生產現場，算是開了眼界，知道這種場面已非昔日仕紳媳婦在曬衣竿上，把一串串香腸掛起來，曝曬在南台灣冬天陽光的富貴畫面。

符合C&S作業體系的合格豬肉，瘦八肥二，調味醃漬，自動灌肉分段，然後以烘烤箱中溫乾燥多時，最後手工分類包裝。黑橋牌是台灣香腸四大品牌中，堅持不添加大豆蛋白者（政府允許百分之十內添加，廠家會再上紅色素，免得肉色偏粉，賣相還是重要的）。老台南人堅持著傳統滋味，捍衛昔日的工藝尊嚴，即使是現代化生產，職人的脊梁依然挺直。

我喜歡這樣的故事，從小人物的專注與堅持，到一個品牌的驕傲。中間有視野，也有與時俱進的動能。

「黑橋牌香腸博物館」
台南市南區新忠路2號
06－261－6990

臘味。

第十四堂 眷村的餘香舊韻越過老城，飛入尋常百姓家

在上古夏朝時，人們於農曆十二月合祭眾神叫「臘」，因而十二月叫「臘月」。至於「臘梅」，因為顏色似蜜臘，又因在臘月開花，又被稱為臘梅。然而「臘肉」，就是古人在冬天的農村，許多人家堂屋裡有個火盆，火盆升起的熱煙剛好燻烤吊掛在梁上的鹽漬肉塊，可將肉食長時間儲存，也更添加風味。這些燻乾製成或是風乾肉脯，是中國民間喜愛的傳統食品之一，也是人們相互饋贈的佳品，已有悠久的歷史。地中海周圍地區所製成的各式火腿，多是風乾。

冬陽下的竹架子，一串串臘肉片與香腸，年味就出來了

「秋風起，食臘味」的好時節。相傳於光緒二十年（一八九四年），廣東有一個賣粥商販，想到將粥食賣剩的豬肉及豬肝，以鹽、糖及醬油等醃製，灌入腸衣，以風吹或曬乾數天後給其他人品嚐，其後發現別有風味，廣東臘腸就這樣被發明了出來。

現代臘腸的做法是將肥瘦比例一定的豬肉切成小塊，接著以鹽、糖、高粱酒等醃漬之後，再塞入腸衣風乾。一般講究風味的店家「選用豬後腿肉，以肥瘦一：三的比例，加入鹽、糖調味，最重要的是以高粱酒、玫瑰露增添香氣與風味。」烘烤後再經風吹熟成，嚼來盡是肉味香甜。除了油潤韻味與鹹香，還有炭火燒出的燻香。

台灣大小城市的眷村美食，總在老房子拆解之後，如同蒲公英般播散開來、生根。台南城的城南區，最負盛名的「水交社眷村」走入歷史後，那些當年的眷村外省美味，市場內的酸白菜、山東包子、湖南臘腸臘肉、趙家燒餅、老鄧牛肉麵、冷家麵店的豆腐……餘香依然令人回味。這些眷村店家部分還在，只是星散在台南大街小巷。然而，眷村的年貨仍然令人懷念，於是總在年底前夕，為重溫水交社昔日家戶傳統美食的可口，用「味道」喚醒舊時社區的記憶，「水交社眷村文化美食節」總是年年盡量延續舉辦。

眷村文化整合了大江南北各地文化精華，重新融合並發揚光大，也可以說是中華文化重要的櫥窗。可惜漸漸式微的眷村文化，已經悄然，甚至隱然。舊時王謝堂前燕，飛入尋常百姓家，如今在台南傳統市場已經有些鋪子開始賣著臘味，而這些臘味背後的真正製作者，則多是昔日眷村的大嬸大媽。透過網路，得知「馮媽媽的店」已經遷至南區大同路二段一八六巷內，真是尋常百姓家的巷弄，可是從挑肉、切片、煙燻、風乾、熬煮……每一道手續依然如同昔日一般，費時費工。臘味，讓記憶中的眷村味能延續下去，我在味覺中仍不捨漸漸消逝的「台灣歷史特殊的一頁」。我買了些許，洗淨置入電鍋與米飯同煮，飯熟，臘腸也吸了潤氣，更加美味，配上蒜苗，即可美味上天。

「馮媽媽的店」
台南市南區大同路二段186巷5弄1號
0981－385－430

香滷大腸頭。

第十五堂

令人耽溺在油脂香腴與滷汁凝厚間的美味

美菜佳餚臥虎藏龍的「阿霞飯店」，是台南最著名的台菜餐廳，也是府城豐厚歷史紋理的沉積，得以孕育出的飲食文化傳奇。阿霞以「香腸熟肉」起家，「六色拼盤」前菜，可以好好介紹。

招牌菜「六色拼盤」，有炭烤野生烏魚子、軟絲、蝦棗、粉腸（粉紅）、蟳丸（黃色）與滷大腸。所謂「蝦棗」，綜合蝦泥用豬腹膜（台語叫網紗）捲得長長的大約三十多公分，成了超級「蝦捲」，再切成丸子大小。「因為外觀如丸狀，口感有彈

三段式的香滷，逼出多餘的油脂，完全入味，溫熱滑腴

性又像棗子大小，所以府城人稱為蝦棗」。依舊是傳統做法：將上選的紅蝦仁與五花肉、魚漿、荸薺等一起攪拌成蝦仁肉泥後，以新鮮豬腹膜捲成長條狀，冰凍起來使其硬化，油炸前才切塊，酥炸過程以經驗掌控火候，油瀝乾置涼後，上桌蘸醬。

「粉腸」則是源於廣東菜，粉腸跟香腸的不同，是用半肥瘦的豬肉、米漿以及紅糟等材料完成，口感粉嫩輕韌，有隱隱酒香味，薄沾芥末醬極好。「蟳丸」帶有鮮蝦甜蟹的海洋味（早期有蟳黃與蟹肉的成分），現在則是鴨蛋黃、蝦仁、荸薺，再以鮮蟹高湯調和，蒸熟，是府城傳統美食之一。

古早味「滷大腸」除了味道醇麗好極之外，滷得隆重軟爛，但仍留有一點嚼勁卻不負擔，這是隱藏在眾多阿霞美食之中的「清冽高音」，值得多多品食。

其實，會如此盛讚滷大腸是有原因的，一般坊間的滷大腸味道也是不俗，但總有一種隱隱不去的「腥味」，那就是清洗動作不全所致。正確的繁複清洗：首先，將大腸放入空的大碗中，加入適量麵粉和鹽（大量），用手將大腸抓勻乾洗辟去異味，不斷揉擠，像是做spa，最後再以清水洗淨。第二步驟：取鍋，加入水、薑片和青蔥段（也是大量）煮至滾沸後，再加入米酒，加入洗淨的大腸，入鍋煮三十分鐘，排油膩也去腥味……如此才完成大腸清洗的動作。

接著以「百年老滷」慢煨入味兩個小時，取出冷卻，入冰箱冷藏一夜，讓「時間」成為第六個味道。次日，從冰箱取出，再入滷鍋，燉成軟嫩。

斜切成段，適口大小。再放入另一較小滷鍋（第三次入滷鍋），讓切面上色，也保溫增味。此時，滷腸已經可以見客了。這些拼盤有些厚工吧！尤其這道好吃的滷大腸入口之後，讓人整個口舌能如此耽溺在油脂香腴與滷汁凝厚之間，神奇。

｜阿霞飯店｜

台南市中西區忠義路二段84巷7號

06－222－4420

06－225－6789

肉臊芋頭粿。

第十六堂
肉臊汁滲入，芋香肉香交融調味

台南人真的很幸福，兩百多年前開始，好吃的福州點心源源不斷地傳入府城。國華街三段「許家芋粿」的第一代創始人許炳煌，更把家鄉福州點心的手藝，加上府城已發展成特色的肉臊，研發出今天眾所周知的芋粿美食，從此費工費時的肉臊芋香到了今天，已成為府城的特色滋味。

這次，想介紹更早期的「肉臊芋粿」原型，在金華市場（舊稱國宅市場）旁的「林玉文定魯麵」。創業者林玉老婆婆是早年台灣困阨年代裡，典型

肉臊與芋頭相掩成趣，滋味多秀，這是懂得食理的佳餚

不屈不撓的偉大女性代表之一。十三歲在永樂市場內販售羊肉湯養家，到了二十歲跟著長輩四處辦桌學藝，三十多歲獨立專任喜宴的總鋪師，閒時也替婚嫁人家「打魯麵」（這也解釋了店名為何多「文定」二字）。隨著風氣的改變，以前魯麵是不在店面販售的，十年前府城一些資深的魯麵師打破慣例，開始擺攤開店專賣魯麵，累積四十年辦桌與魯麵訂製經驗的林玉，當然更有資格分享這種「府城喜氣麵」。

但是林玉老婆婆的「芋頭粿」，才是人間美味，堪譽為「府城第一芋頭粿」——這是我背書的。如此好吃的古早味芋頭粿，源自林玉小時候，正值太平洋戰爭，生活最困阨的時候，家裡常缺米食，只能吃番薯簽裹腹。她媽媽則會做一些家傳「芋頭粿」跟別家交換白米，因為實在太美味了，所以鄰家們都樂意跟她們以物易物。

林玉老婆婆開了魯麵店，兼賣肉臊芋頭粿，風味古樸芋香豐腴，同時受到高度肯定。只是地點偏遠，不像府城的其他老店交通方便，只能隱身市場旁，遊客不識，多是當地熟門熟路的老饕。芋頭粿選用大甲的美芋，碩甜香滋，去皮，銼成簽條。肉臊最關鍵了，蒜頭、紅蔥頭爆香後，與特選豬肉丁炒過再滷多時，之後，肉臊遵循古法靜置三天醒味。我去採訪，與老婆婆閒聊之際，她從冰箱端出獨家風味的肉臊鍋，跟我解釋烹製的過程。看著這整整一鍋，我明白這是她長年的專注與榮耀。

肉臊再與芋簽攪拌均勻（不像其他店家把肉臊淋在芋簽上，吃時只能靠醬汁提味）。自然香美的肉臊汁滲入芋簽之間，芋香肉香交融調味，炊蒸二十五分鐘，食用時加上蒜泥即可（不用其他澆鹹的醬汁），撒點香菜段子，更好。如果你要去，記得下午一點營業結束，這是與市場作息同步的時間。

林玉文定魯麵店

台南市南區金華路二段9巷66號

06－263－5545

肉臊芋頭粿：肉臊汁滲入，芋香肉香交融調味

獅子頭。

第十七堂 明成祖以蘆溝橋上的石獅子命名的淮揚美食

紅燒獅子頭，這道美食太有名了，有淮陽派、廣東派（加了荸薺）、北京派等等，在台灣也漸漸走出本土派的血脈，深受喜歡，只是大家不解「就是個肉丸子，幹嘛要做這麼大顆？」

至於「獅子頭」名稱怎麼來的，網路說法各異。我的故事是：這道菜色源於隋煬帝，但是名稱不同，稱之「葵花獻肉」。至於名稱，話說明太祖朱元璋創建明朝後，為了鞏固帝國，有形無形的施政做了一些安排。比如他將大明王朝劃分為

道地的上海菜飯，以燜炊料理，如果能搭著獅子頭肉汁堪稱完美

十三州，即是取義龜甲有十三片，希望大明江山可以如龜壽長命。另外他分封幾個兒子為藩王鎮守四疆，其中朱棣被封為燕王。朱棣出生時生母難產死亡，所以他視馬皇后如生母，非常孝順，也受到疼愛。這位受到史家推崇的馬皇后，節儉嚴謹，仁慈善良，朱元璋也常常對群臣稱述她的賢慧，可比唐太宗的長孫皇后。

因此，愛屋及烏，朱元璋也器重燕王朱棣。洪武九年（一三七六），十七歲的朱棣經過嚴格地文武養成教育後，「就藩燕京」的行程已經開始倒數計時了。這一年，朱元璋還為他完了婚，妻子就是中山王徐達的長女。二十一歲的燕王朱棣離開首都南京到北京就任，思念母親馬皇后的他，要廚子特別烹煮一鍋她喜歡吃的肉丸子當是生日禮物。廚子問：「肉丸子要多大？」朱棣回答：「就像咱們北京蘆溝橋上的獅子頭吧！」

「居食之家」是上海菜餐廳，張廚子是老闆，一身廚藝學自國共內戰後，撤退到台北的上海幫紡織界大老，光復後一群上海老饕把道地本幫菜引入台灣，張廚子得其真傳，自得其樂。近三十年前在台南舊城開餐廳，以上海菜揚名府城老饕。我們來認識他的獅子頭吧！選用三肥七瘦的絞肉備料（較多瘦肉，雖較健康，唯風味稍遜四肥六瘦），另外備妥長糯米蒸熟炊透（這是要與絞肉混合的主料之一，大部分餐廳多以白豆腐或是白饅頭取代）。兩者主料混攪均勻，其中再加入洋蔥末子、雞蛋（蛋白使易凝固，蛋黃增添豐腴順滑）、些許薑末，調味後取出適量肉團（一顆獅子頭大小），左右手交替互丟，摔打出肉質筋性與膠質。

所有獅子頭丸子們就緒，起一鍋熱油淹沒獅子頭，炸出酥焦外皮，讓肉香外顯，同時也讓大丸子定型（尚未全熟）。另外一陶鍋煸入洋蔥、薑片、蔥段（有人會再加入金鉤蝦仁讓它帶有鮮味）。接下來之後就是很多大白菜和筍片鋪底，其上置入大丸子們，略和以水、醬油及鹽，些許冰糖。之後以文火乾燒（途中千萬不能掀蓋），每一陣子停火五分鐘，讓它繼續自然燜燒；再起火，再停火，如此反覆多次。起鍋時有濃稠的美汁，這是大白菜的菜液混著濃郁的肉汁而成，是精華的稠醬汁（一定不要浪費，吃完！），撒上胡椒粉即可上桌。我的經驗是，肉汁搭著「居食之家」的招牌「上海菜飯」一起食用，美味賽神仙。

「上海居食之家」

台南市東區崇明路510號

06－336－7560

第十八堂 老屋樹蔭清風下，一口口享受庶民小吃美食

台南國華街有一間「金得春捲」，應該是台灣最負盛名的春捲店。只不過二〇一四年，竟然粗魯地以火腿代替蝦仁，整個美食文化嚴重「走鐘」，我拒吃！

在府城品嚐庶民小吃，如果講究周遭空間的人文美學，我個人的經驗，是坐挨著古蹟的紅牆或是白灰牆，端著一碗熱騰騰的魚丸湯，那是很美的境界。至於最棒的場景，就是你隱身在市井中，沒有車馬喧，也沒有什麼觀光客，有樹蔭，

春捲發展至今，已經跟各地的食材掛鉤，各自詮釋美食文化

人不多，來的都是當地熟門熟路的老饕，自己拉張椅子，一邊吃著，一邊跟著老闆話話家常！

台南一些明星級的小吃，生意真好，所以你總是付了錢匆匆地打包走人，因為後面人潮洶湧，其中不少是遊客。不是不好，可是總是覺得少了那種舊城閒適的感覺。夜半夢迴，我總覺得對不起原來的老饕們，因為幾次撰文介紹，結果生意紅火應接不暇，朋友偶爾抗議說現在去那家吃，都要排隊了。

今天介紹的，就「還給你」最閒散的老樹下老舊黑瓦房子，賣著不同於你吃慣的府城春捲味道。店老闆鍾風泉，年輕時是一位西服師傅，幾次改行之後，做起春捲皮專賣。十多年前，乾脆賣起與眾不同的春捲，早上五點開始製作春捲皮，不用高筋麵粉，因為煎烙的時候容易黏鍋，他喜歡挑戰中筋，但是要費勁以手工把麵粉的筋性「打」成像高筋的彈性。春捲皮會顯得比較軟身薄嫩，一口咬下，可以直接碰觸餡料。青菜的部分，講究五色（紅黑白綠黃五行），有高麗菜、韭菜、胡蘿蔔、芹菜、蒜苗、豆芽。最特別的是「酸菜」，新醃漬的嫩酸菜，先退鹹，再切細炒香，非常的搭食。蛋皮部分，府城一般春捲名店，都採用超薄輕煎的做法，蛋香不錯但是沒有口感，鍾家的煎蛋就像蛋餅厚厚的，咀嚼時，八分熟的煎蛋容易感受得到。

灑上府城味的花生糖粉。最厲害的「滷肉」配料，怕胖的千萬不要放棄，這是「府城美食的驕傲」，厚工，基本上就是春捲專用的肉臊末子，大師之作。選用精緻的頸肉（這是製作傳統肉臊的第一課），洗過，再用沸水氽燙去腥，爆香加入胡椒等三、四種獨家香料，「悶」熬三個小時，絕對不能大火，否則肉質就「柴」掉了。冷卻後冷藏置放一整天，這是讓肉香「醒」起來的基本動作。等到要包春捲時，滷肉在鍋內回溫，加入蒜苗炒過，再一次冷卻瀝乾，才包入春捲內。

建議現場吃，老屋、樹蔭、清風。隔壁賣著五十年老店的粉粿，順便也來一碗。

｜鍾家春捲｜

台南市北區公園南路129號

水晶餃。

第十九堂

府城隱藏版美食，
筍丁與漬肉小塊鮮甜爽口

水晶餃，就是以地瓜粉當是麵團，把內餡（多是筍丁與醃漬過的小肉塊或是絞肉）包成餃子模樣，個子比一般水餃還大，以蒸炊的方式烹熟。因食材是地瓜粉主料，所以外觀呈現半透明，隱約可以看到內餡，更顯秀色。在台南傳統市場一些攤位常常可見，大小差不多。這是台南百年以上的古早味，多是當為點心食用。而我以為「祿記」是其中的佼佼者，也是我的私房美食的口袋名單之一。

肥肥胖胖的水晶餃，內餡盡是筍丁的靈鮮與漬肉的甘腴

位於古廟清水寺右前方的「祿記」，創店於一八八六年，那是光緒十二年的事。至今祿記的包子仍遵照古法，以老麵製作，每天出爐兩次，早上九點五十與中午十二點半，每次僅僅八十粒左右，「現捏、現包、現蒸、現賣」，洛陽紙貴，我好久也沒買到了。約略敘述祿記的包子內容：包子的內餡將精肉、香菇、蝦米、筍丁和蔥酥等材料事先以醬油、糖一起爆香翻炒。將發酵的麵粉用手工擀成皮，適量餡料，再加上鹹鴨蛋仁，最後以老練手工現場捏製成型成肉包，放入蒸氣爐中，大約炊蒸二十分即成。外皮牙白（不是淨白那一種）有彈性。第一次嚐鮮者排隊等待，確實值得。

如果買不到稀有的包子，也不要空手而回，他家的水晶餃基本上量多足夠，應該吃得到。如此經典到不行的「水晶餃」，則是以地瓜粉攪拌滾水做成餃皮，再配上筍肉餡蒸十分鐘即可。

稱「水晶」，那是外皮半透明富Q勁，依稀可以看見裡面飽滿的餡料。餡料有筍丁和些許肥瘦適當比例的豬肉，其中脆嫩的筍丁已經先滷過熟透，再以加佐料與醬油翻炒，帶點蝦米、蔥酥的味道，顯得鮮甜爽口美味。小肉塊是生的，已經醃漬一個晚上，通透入味。筍丁醃肉兩者混成餡料，再以地瓜粉皮包成，餃子上端多餘摺皮，以剪刀去除。六十個入蒸籠排列整齊，三籠入炊爐蒸透。取出，倒置桌面散氣，即可食用。

話說「祿記」第一代掌門人石德祿，光緒年間就在福州家鄉就賣過包子、水晶餃。定居到台南後，本來以賣雜貨維生，後來重操舊業，賣起包子，人稱「包子祿」，傳到第二代石雨瑞……第三代石文雄則是奉獻五十年歲月後，幾年前再交棒給女兒石珍錡。「祿記」是台南專業的肉包、水晶餃店中，唯一曾經列入日治政府歷史文獻的美味點心。台南傳統市場的其他水晶餃老牌製作小攤，味道都不俗，卻都不及祿記，你該試試。

┃祿記包子店┃
台南市中西區開山路3巷27號
06－225－9181

福州刈包。

第二十堂

國寶級小吃，
鹹甜交融的正港台灣漢堡

七月，在大溪小鎮吃了客家刈包，搭著微鹹的酸菜與滷透的三層肉，我喜歡。可是卻想起府城的福州刈包，位於中西區國華街，近民族路三段的十字路口的「阿松刈包」，創業於一九四一年，是我口袋的國寶級小吃名單之一。

早年刈包客人年齡層的分布，年長者與年輕者大約二比一，自從媒體以「台灣漢堡」稱呼的市場定位後，大受年輕人歡迎，反而改為一比二了。負責人林清松的父親林天旺，早年去過福

紅糟肉料理，總有一股隱隱的酒釀美味，不顯卻是誘人

州，學會了刈包的做法，三十多年前阿松接手後，保留了福州傳統口味，但也做了些改良。

饅頭的造型特殊，像扇貝、錢包，因為內餡包的是鹹味的肉，所以饅頭加了微甜用以提味，而且彈性超好，口感自然有嚼勁。肉的滷製過程卻是刈包的最大關鍵，為顧及客人的喜好，阿松的點菜選項分為舌頭肉、赤肉（瘦肉）及豬頭肉（帶肥肉），以中藥材燉煮三四個小時，起鍋。

而燉煮瘦肉與舌頭肉時的湯汁，特別撈除浮油與肉渣，當是客人免費的配湯。另一方面，燉煮起鍋的肉再與紅糟一起滷煉過，讓肉香更有多層次，肉色紅紅的，視覺更優，口感細緻軟爛、香甜入味，這也正是福州刈包美味的祕方。紅糟有「福州菜的精靈」之稱，無論是紅糟，還是紅糟酒，都是福州人做菜時必須注入的獨特元素，福州菜若沒加入紅糟或紅糟酒，就枉稱為真正的福州菜了。

另外，所添加的「酸菜丁」，選用新鮮而非陳年酸菜，浸水退鹹，再以油汁、辣椒及糖香來炒，爽口，開胃。還有「菜頭酸仔」要選用一級多汁的蘿蔔製成，微微酸，去油氣。最後擠入特調獨家半鹹甜的花生醬汁，香氣醒胃，好吃誘人的刈包才算大功告成。配上燉肉的清湯，更是絕配！

「割包」其實是「刈包」以台語發音的名字，因為「刈」這個字就是「割」的意思，是比較文雅的用字。也有另一個有趣的名稱「虎咬豬」，因為把饅頭從中間橫面切開（但不能完全切斷），再置入滷過的豬肉，樣子很像是老虎張開大嘴，咬住一塊滷香軟嫩的豬肉片而得名，很形象的說法。傳統「刈包」又因形狀似錢包，所以象徵發財的意思。府城人把「刈包」當是「尾牙」的節令應景祭品和食品。

一阿松刈包店一

台南市中西區國華街三段181號

06－211－0453

學分四——清湯掛麵裡的趙錢孫李

麵、麵、麵，台南人很愛吃麵，早年吃油麵、意麵、關廟麵、麵線；日治時期多了烏龍麵、蕎麥麵；光復後新增陽春麵、牛肉麵、炸醬麵、刀削麵、酸辣麵、涼麵、雞絲麵；現在又多了日本拉麵、義大利麵、鐵板煎麵……麵食是國民小吃，價位低，多樣性，容易飽足。基本上，烹調的時間又比米食少，手續更加簡化，它是府城人以米食為主之外的替代者。

飲饌名家唐振常所謂「食有三品」，「上品會吃，中品好吃，下品能吃」。其實，能吃無非肚大，好吃不過老饕，「會吃」就是懂吃的美食家，不容易，要能品美惡、明所以、知合味、辨調和。「麵食」雖然簡單，但是府城人還是能把它詮釋得色香味十足，湯頭耐人尋味，麵條中規中矩。我曾經訪談過「東市場」的「麵條王製麵店」陳文雄先生，我讚譽他是「把製麵當做藝術在做的哲學家」。

初訪東市場內「麵條王製麵店」之際，陳文雄正忙著幫客人把意麵一撮一撮過磅，分別裝入小膠袋。陳文雄解釋，一袋是一人份的量，下麵時才依食用人數一袋一袋解開下鍋。如此人情味地差異化的銷售服務，當下讚嘆不已。

訪問，總要了解創業多久了？陳文雄立刻回答一九五一年五月二十五日。我在府城這十年訪談過大大小小店家不下五百家了，大部分店家掌櫃總是搔著頭開始推算，能夠果斷地講出創業年、月、日，這還是第一次呢，看著他的眼神，開始欽佩這家老店。

麵店是陳文雄的父親陳玉清創始的，「麵條王」店名也是其父取的，麵店年資算算已超過一甲子了。訪談的時候已經接近中午收攤的時間，「麵條王」營業時間從早上六點有水餃皮，七點就有新鮮的麵條，中午一點打烊，打烊後便把當天未售完的麵條改製為麵乾。他把不同麵條全部絞碎分解，重新均勻和麵的大工程，有一點無趣的工作，必須耐心地一次次反覆地進行，但是好看極了。

雙手沒有停過，陳文雄說明手上已捲成像樹輪的麵皮，要像女子光滑的肌膚，觸感要軟滑，他說這樣才叫做「麵」。接著，又回頭忙著進行滾切成麵條的製程，同時把麵條擰斷掛竿，再上架晾乾，啟動電扇，在風裡的麵條有一點像柳條，微微飄動……他熟稔地把製麵工續一道一道完成，忙碌中有一股優雅。我在一旁飲著茶，觀看。

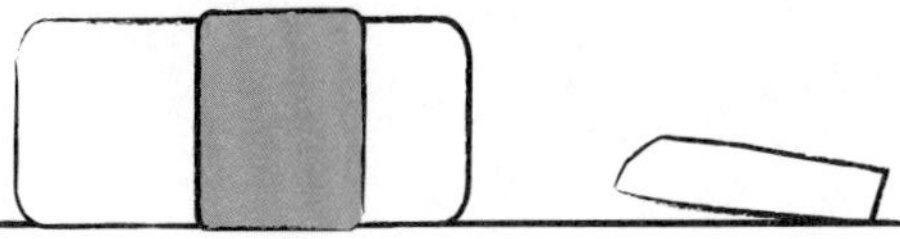

阿婆乾麵。

第一堂

偉大的菜市場都有一家偉大的麵攤——東市場

一百年前的府城，「台灣府」的城門、城垣都還在的年代。一九〇五年，海峽這一邊以明治三十八年記錄，海峽的另一邊以光緒三十一年稱謂。同一年，同盟會在北京成立了；日治時期的府城，民權路一段則創建了一座現代化的「東市場」。

東市場是活力洋溢的市場，與西市場雖是兄弟市場，但是最初的定位與區域，造成兩者命運迴然不同。東市場當年創建之際，是考慮從大東

位於市場的角落，那是餵飽婆婆媽媽的祕密麵攤

門「進城」的菜販集中的「零售形態」菜市仔；而西市場則設定是城中心的「批發形態」市場。創建百年後，西市場的批發生意早已不符現代市場機制，然而東市場的零售方式仍緊緊相扣市民的生活，為鄰近居民所依賴。

時間久遠了，自然有一些老攤的傳奇，包含老餅鋪、豆腐工廠，油飯老店和百年柑仔店等等，當然一些麵攤子也是古意有趣。東市場的兩家標竿麵攤：金鳳老牌麵店、阿婆乾麵。金鳳位於市場外圍，青年路一七二巷口處，已逾半世紀多，陽春麵為招牌，麵條則是五十年老字號的麵廠提供，產銷共生關係，品質可靠。麵條煮好後，淋上麻醬及肉臊，在擺上幾片白切肉和些許青菜，些許嚴謹，麵條火候精準口味腴香。

阿婆乾麵則位於市場內，略略昏暗的轉角

處，有型有韻的小麵攤。不遠處即是百年老柑仔店。麵攤四周歷史場景的氛圍，樸質無華的木板背景，簡陋的煮麵設備，這個懷舊的小攤真令人著迷。抬頭，百年市場建築的屋頂木構造，交叉縱橫，一樣讓人著迷。八年前，我第一次去，見到七十多歲的阿婆掌廚，瞧著她老人家下麵的身手，一些幸福感也有一些歹勢呢。目前第二代是主力，阿婆在一旁與老客人聊天，手上弄些「小工藝」和包些餛飩，她說「多動一些，卡袂老」。她的乾麵有特熬的肉臊，不油，香氣濃郁，建議加些烏醋，風味更勝。注意，如果沒有吩咐，多是細麵條（台南人比較偏愛細麵），你可以要求寬麵，口感比較足。我去，除了點了一碗乾麵，當然也要嚐嚐八十五歲老人家的幸福餛飩湯。

這樣經典小麵攤有個「足感心的小服務」，你可以拿著剛剛在市場裡買的小卷、豬肝、肉片等等讓她汆熟，正確的用字是「煠」一下，免費處理。也建議乾麵配「肉骨湯」，因為麵攤就在市場裡，肉骨取材容易，新鮮又大片的骨肉，甫入口，直覺「鮮腴有勁」的好味道，不用言喻。

「東市場，阿婆乾麵」

台南市中西區東市場內

阿瑞意麵。

第二堂

偉大的菜市場都有一家偉大的麵攤——西市場

日治時期，明治三十八年，一九〇五年，創建了南台灣最大的新式市場：「西市場」。當時有數十個攤位販賣著各種雜貨與新鮮貨品，台南人俗稱「大菜市」，當初還有從「灣裡」（在城南約七公里地方）以運輸市郊蔬菜過來販售的輕便鐵道。目前，市場空間老化，近西門路一端仍有布裝聚集；近國華街三段處，則店家紛紛外移，但仍有幾家非常經典的老店堅持留守：江水號、鄭記魠魚羹、川記芋粿、泰山冰店，和叫做「福

加了韭菜珠子的餛飩湯，老饕都知道了這是哪一家的

榮小吃店」的阿瑞意麵等等，他們依舊頑強地撐起「西市場」一片天。

意麵，就是「鴨蛋麵」，麵粉不加水，只以大量鴨蛋揉麵，顯得柔韌，麵條本身即有濃郁的蛋香。新鮮的麵條有自然的鵝黃色光澤，但不宜久放過夜。台南人吃意麵有兩種，一種吃新鮮的，一種吃炸過後膨脹酥鬆的（鍋燒意麵、鱔魚意麵即是，這是現代泡麵的前身）。而新鮮麵條下水煮過後，煮成乾麵，又分兩大派別：一是拌肉臊派，一是拌肉油派。拌肉臊派者以阿龍意麵（府前路一段）。恭仔意麵（新美街）為代表之二。拌肉油派的小杜意麵（友愛街）、大菜市包仔王意麵（西門路一段）則是佼佼者；兩派乾麵所搭配的標準湯色，卻是一致：餛飩湯！這是府城美食的配湯文化。

阿瑞意麵屬於拌肉臊的，也是我心目中的「台南八大意麵」之一。攤位簡陋，但生意絡繹不絕。超過九十年的麵店，稱「福榮」則是身世的故事，話說第一代老闆葉蟹，日治時期原是開武術館的，門徒眾多便開始供餐，久而久之，演變成「飯桌仔」小店，所以有「小吃店」稱謂。第二代葉壬癸於大正十四年加入，第三代的葉瑞榮則於民國五十九年加入，目前第五代怡孜已經接班，晚間六點後則是第四代阿瑞兄掌廚。

深入市場來阿瑞意麵品食，點麵有二，一是肉臊乾麵配餛飩湯（撒入韭菜花珠子提味），二是餛飩意麵（乾的）配魚丸湯。碗內先是招牌的意麵（彈性、嚼勁都不錯），再加入五顆胖胖的餛飩，還澆上特製的肉臊滷汁，最後鋪上燙瘦肉片，簡單，但是府城老派美味盡在其中。攤前的那一位餛飩阿姨，她不停地包餛飩的雙手，已經超過二十年了，阿瑞的餛飩湯，你不要錯過。

｜西市場，阿瑞意麵｜
台南市中西區西市場內
06－221－2805

炭燒陽春麵。

第三堂

偉大的菜市場都有一家偉大的麵攤——鴨母寮市場

介紹一下偉大的「鴨母寮菜市仔」吧！今天瘦瘦小小的自強街，乾隆年間的大銃街，那可是府城北邊各庄鄉民進出小北門的交通大道呢。如果我們說「大銃街」是當年府城連絡諸羅（今天的嘉義）、彰化、台灣北部的要道，套用現代名詞，就是清領時期的「台一線」。而這些城北外的鄉民經過了小北門，大部分的人，其實都是要到「鴨母寮菜市仔」買賣。已經兩百多年的傳統市場，光是年資，說「偉大」，不過分吧！

最典型的「歹所在也有好咪件」，有潔癖的人勿入

陳老婆婆的「炭燒陽春麵」，地處市場不顯眼的角隅，粗劣的紅磚牆已經被炭火煙薰更加灰暗，燈光也是黯淡，一旁停放的機車橫七豎八。用餐環境「不佳」(有潔癖者慎入)，因此被老饕戲稱「拉雜麵」，店家也堅持不接受採訪。我去，六十年來第一次正式採訪，應該也是唯一的一次了。採訪的時候，所有的老顧客全都幫老闆美言，還有老媽媽說「從做囝仔到做阿母都吃這一家」。

陳老婆婆四川人，已經八十好幾了，從麵攤退休許多年，現在是大媳婦與二媳婦掌廚。早年，陳老婆婆還是年輕貌美的年代，世居在四川成都的桂花巷，喜歡吃辣椒，標準的「辣妹子」，直腸子，爽快，大辣辣沒什麼心機，做事低調，積極任事。趣事，有時客人對麵有意見，辣妹子拉著嗓子說：「媽的，愛吃不吃？」

大時代戰爭的原因，輾轉到了府城，也嫁了

人，生了四個兒子四個女兒。食指浩繁，當年二十八歲的辣妹子，便在鴨母寮菜市外圍賣起了四川味的麵條。因為府城人的小吃太發達了，外地人的她早年著實吃了一些苦頭，口味不斷「微調」，以迎合當地老饕，但是又要維持自己的特色，這一點她拿捏的很好。

四川人很會做「臊子」，像府城人很會做肉臊一樣，不同麵種有不同「臊子」搭配，擔擔麵（四川的名麵）就是有特殊的「臊子」，陳老婆婆的做法簡單，但是麵食的美味精髓盡在其中。一甲子來一直燒著炭火煮麵，火候到位，加上也是四川同鄉的手工麵條，嚼勁不凡。採訪當天中午，我點了湯麵和乾麵各一，拍照後吃了湯麵，乾麵吃了兩口，體會一下芝麻糊口味，打包，當是晚餐。行家都知道麵條擱久了，一涼，回頭大多都糊掉了，完全沒有口感可言。那天晚上，把乾麵微波加溫，味道口感仍然精采（重口味，可以跟老闆要求不要太鹹）。

至於湯頭，有趣了。一大早以大骨熬煉的湯頭，六點半開賣，這時湯汁還是正經八百的，可是隨著客人愈來愈多，最有人情味的是，一些客人們會拿出剛在市場裡買的豬肝、小卷、豬肉切片等等，或是花椰菜、高麗菜等等，請麵攤幫忙汆燙（免費服務），另外盛碗，搭配著麵條一起食用，這些因陸續汆燙而引發的鮮美湯汁，就成了其他人麵湯的一部分。所以，每碗的湯味都會有出入，混著其他精華口味（所謂「拉雜麵」指的就是這種情形）。小菜或麵食裡，如果敢吃辣的，建議一定要摻加獨家不傳的超級四川經典辣椒醬。至於湯汁裡面另外加入的「韭菜與其他八種堅持不說的配料」，只能自己體會了。

…………………………………………

「鴨母寮市場，炭燒陽春麵」

台南市北區鴨母寮市場內

麵條王海產麵。

第四堂 偉大的菜市場都有一家偉大的麵攤——水仙宮市場

「水仙」指的不是花，指的是「庇護水上行船安全的神仙」。台南「水仙宮」就是一間水神廟，拜的是「水仙尊王」，康熙五十七年（一七一八），當地更多郊商店家共襄盛舉，集結了大量鳩金，風風光光改建，雕花鏤木，更顯華麗宏偉，當年是台灣之冠。特別的是，在清領時期，水仙宮還有一個神奇赫赫的身分：「全台商業金融中心」，時間長達一百五十年，那是一個台灣萬商雲集的黃金盛世。

位在水仙宮廟宇的右手側，隱藏版的排隊麵攤，值得等

由於水仙宮所在位置，是昔日五條港的「南勢港」運河的尾端，四周的市集熱鬧喧囂，茶室、酒家、娼寮林立。以物易物的買賣形態，經常在廟方廣場進行，「店鋪交易」的形式則是要到了道光年間開始鼎盛。

日治時期，三郊勢力瓦解，水仙宮也淪為一般是廟宇（更可惜的是，太平洋戰爭時受到戰火嚴重波及，光復後重修的樣貌，僅成一座單殿單進的建築形式，目前列級古蹟）。然而，周遭的市集依然蓬勃，店家森立，商賈雲集。光復後，水仙宮傳統市場還是府城極為著名的市場之一（屬於早市），過了中午以後，推推擠擠的人潮與人聲鼎沸，便會伴隨著攤販的收攤而沉靜下來。可惜，廟宇整個被市場雨棚遮掩，無法觀賞到其華麗精彩的屋瓦。

在水仙宮的旁邊，有間八十年的老餅舖「寶來香」。隔壁即是「麵條王海產麵」，不難找，看到人潮聚集就是了。有湯麵、餛飩麵、魚丸湯、粿仔條等等，招牌是「海產麵」，麵條採用滑溜的意麵，配料有瘦肉片、豬肝片、魚丸、半顆滷蛋、小卷、高麗菜、豆芽菜等等，所謂「海產」種類不多，湯裡有些許肉臊。

你可以點「在地都這樣吃」的隱藏版吃法：乾濕分離海產麵，一碗料湯（沒有加入意麵和肉臊，湯色更顯清甜）和一碗乾麵（加了肉臊與豆芽菜）。平凡的麵食攤，卻是人潮滿滿，如果你去，請耐心等待吧，待會你可能聽到店家對遲來的人說：「要等四十分鐘哦！」感覺像在鼎泰豐門口，但是只要五十元銅板，就能讓你飽足美味。

「水仙宮市場，麵條王海產麵」

台南市中西區神農街6號（水仙宮市場內）

擔仔麵。

第五堂 創始者度小月，堪稱「府城第一麵」

這是一家傳奇的百年麵館。當台南擔仔麵躋身國宴桌上，便確認了「擔仔麵」為台灣文化的象徵之一。百年前光緒年間有一位「洪芋頭」，原是運河邊以擺渡維生，夏天逢小月，生意清淡時，興起擺攤賣麵念頭，於是挑著擔子在五條港的水仙宮廟口，賣麵以為度小月，便揭開擔仔麵百年不斷的傳奇序幕。

傳奇，還是需要以實力當後盾，「度小月擔仔麵」能綿延流傳百年，有兩項主要成功因素，就是

度小月經典的矮灶腳，總讓人可以居高臨下看盡所有美食

洪家的家傳肉臊做法細緻，和小火悶燉的蝦頭湯。

店內非常經典的畫面，低高度的古灶，矮攤子上一盞昏黃的紙燈籠，強調光緒年間就創始的老店氛圍，維持百年古早味的調性，食客坐在低低矮矮的桌椅前，彷佛百年前坐在廟口。第四代傳人精於室內設計，店內裝潢也在傳統元素上，添加現代的風景，讓小店不至太古舊也不會太隆重，雅緻清順，就像他的熬蝦湯頭一樣。

「度小月」因為早年常常出現在日本旅遊雜誌上，所以這裡一直是日本觀光客必來「朝聖」的地方，有人還稱「北鼎泰豐，南度小月」來說明其重量級的程度。

因為強調吃巧不吃飽，所以不是用餐時間，食客也是不絕於途。當點了需要的麵食，坐在小椅凳的師傅，便俐落地抓麵、下麵、煠麵、起麵，輕巧地不斷用小長匙潑灑上肉臊汁，再加入鮮美的蝦頭湯，湯不能多，否則味道便變淡了。接著撒上蒜泥、香菜、豆芽，再倒進些許黑醋，動作流暢，香味撲鼻。一些老台南，通常會點「米粉麵」，就是一碗內有油麵的軟滑也有米粉的柔韌。

喝湯時，請雙手捧碗直接就口，不用湯匙，這是內行的吃法，像是喝紅酒的廣口杯，品飲時，鼻子都埋在杯口內，深深聞香。另外提醒的是，還沒把麵吃完前，千萬要留一口湯在最後完結時，讓湯汁的滋味饗齒留香。這是所有美食家都會做的動作，把湯頭多停留在口齒之間，然後「牢牢記住」這個味道，當是以後自己的「美食記憶資料庫的data」，可以隨時比對其他擔仔麵店家的味道，分出差異。其他美食的鑑定比對亦然。

「度小月」目前在台北有多家分店，生意也多門庭若市。如果你去，可以在點菜單上「台南的口味」打勾，否則你會吃到與台南老店相差甚遠的「擔仔麵」，湯頭清淡許多，少了豐腴醇潤的台南味。

—度小月擔仔麵—
台南市中西區中正路16號
06—223—1744
台南市中西區中正路101號
06—225—9554

牛肉麵。

第六堂
高雅豐腴的頂級茄汁牛肉麵，小心吃撐

川味牛肉麵最早起源於高雄岡山的眷村，興起與流行於台北，並廣為台灣人的熟悉和喜愛。許多經營牛肉麵店的老闆都是外省人，也是老兵，讓人留下牛肉麵是大陸飲食的印象。早年前因物資貧乏，他們為填飽肚子，以便宜的麵食果腹，手工的麵條加點牛肉、蔥蒜、辣椒等，以來自家鄉成都的「牛肉紅湯」家鄉味為基調，紛紛開起牛肉麵店，六十年下來，形成台灣獨特的牛肉麵文化。

這真是姿色出眾的鹽水番茄，如果湯頭偏甜就怪它

有一年，成大開學典禮，我受邀一場新生家長的演講，談府城的四個老情人：古蹟、故事、人文和美食。因為大多是北部、中部來的學生家長，關於美食部分的結論，我說：基本上，貴子弟一個學期後，將從美食經驗裡「敕封為府城人！」其實，會如此說，那是因為演講前的早上，剛結束了老友小吃的「頂級茄汁牛肉麵」採訪工作。當初，看到定價兩百五十元的牛肉麵！我的第一反應是：哇！在台南「敢賣」這個價錢！一定要吃吃看！

那天採訪，除了了解茄汁牛肉麵的材料與火候之外，對於在勝利路開店四十年的「老友小吃」店史談了不少。小店不小，離成大很近，是許多成大人離開學校後的美麗記憶。所以，談到了諸多成大畢業生離開多年後，總來此填滿鄉愁。現在的掌門人黃瑞金女士說，不開分店，也無法開分店，沒啥裝潢的店面，掛滿三十年前台灣一線藝術家贈送或義賣當成大學生助學金的字畫，那是無法複製的單純文人的簡陋時代特有的文化氣息。「老友小吃」最早的老友是這幫子藝術家們，也就是所謂「文青」們，多年後，三十年前的美食小粉絲，我，也成了「老」友一員。

茄汁牛肉湯頭，偏甜，這是台南特有的鹽地青綠番茄才有的高雅甜味和輕酸。府城人的口味偏重偏甜，沒有用大量牛大骨熬煮的濃郁高湯，是無法滿足台南老饕的。高湯也同時燉煮著頂級牛肉，說頂級，那是因為取自溫體牛的腮頰到胸邊的一道瘦束肉，肉質軟韌有嚼勁，久煮不會糜糊死爛，也不像一般廉價牛肉偏柴或偏筋。當肉湯燉畢，湯肉分離，放置冰箱冷藏十二小時，肉汁深浸，讓時間透味，也讓肉質回實，嚼勁更好卻又沒有負擔。

第二天取出，回燒，準備端上桌。不須多餘的佐料，僅僅碎蒜和細細香菜末子，再煠燙一些嫩小白菜，鮮脆，老友招牌茄汁牛肉麵即可上菜！記得，加上老友自製的辣椒油！注意，整碗分量不小，小心吃撐。

|老友小吃|
台南市北區勝利路268號
06－235－7564

|老鄧牛肉麵店|
台南市南區大成路一段79號
06－264－5435

|老唐牛肉麵店|
台南市中西區興華街45號
06－223－7545

外省麵。

第七堂 就是陽春麵，老味道簡單但絕對不無聊

二十多年前，在府城與一位長輩一起前往吃「外省麵」，當年對這個名詞感到小小訝然，那時台灣社會尚無「藍綠問題」，但總覺得「你們台南人也太那個了」。其實，誤會一場，是我想太多了，所謂「外省麵」，就是麵粉和水揉製而成，並非府城人熟悉的油麵與意麵。這種更簡單的麵條是光復後，由大江南北的外省人開始的，所以老一輩直接稱之「外省麵」，就是陽春麵罷了。

更早，四十多年前，我在嘉義讀國中，住校

南一中的學生都吃過，算是「校麵」吧，連結李安的麵食

三年，每天三餐都在學校餐廳解決。早餐饅頭與稀飯，午餐、晚餐的湯色永遠是大骨黃豆芽菜湯，那是噩夢的三年飲食。只有在星期六中午放假，可以出校門解放。自己總直奔校門口處不遠的吳鳳南路陽春麵攤，那一碗陽春麵，是我那個年紀的天籟美食，細麵，郁香的醬滷湯頭，淋著一小撮碎肉臊，兩張非常薄的香腸片。那個年紀，也是我學會包餃子，開始品食窩窩頭，品食「外省」麵食的年紀。

府城不少外省麵店家，也不少標榜老店的陽春麵，隨便傳承五十年都不是難事，他們的味道也都不俗。青年路有一爿小小角落的麵攤，就在鐵路平交道附近，強調是「江西風味」，用餐時刻人潮總是絡繹不絕。這間老店本來位於裕農路，後來搬到了青年路前鋒路交叉口，座位區一半在店內一半在騎樓。我去，蒜香乾麵是首選的招牌，蔥油乾麵則是次位。說說麵條，多年來都是店家自製的，口感順口而不會過熟爛，牆上有「手工麵條，自製新鮮」，這是一般麵攤少見的「賣點」。

不過，我最終還是喜歡不遠處的「韋家麵店」，這是導演李安鍾愛的老味道，也是他推薦的家鄉味，說「陽春麵的味道很足，幾十年來都沒有變過，對麵店的印象從國中開始⋯⋯。」因為名人效應，這間老店從此名氣大盛，人潮也就多了。店家沒有招牌，基本上就是無名麵店。老店原本在前鋒路的「國民就業輔導中心」側的小攤，鐵路平交道旁（那時還有平交道），小路西向直接通往衛民街，每次吃麵總有火車經過，都伴隨著平交道的哐哐鐺鐺聲及些微的震動。現在小路已封起來了，店家也早已搬到前鋒路現址。很久以前也換了老闆，現任老闆韋昭明是個白髮的伯伯，也是外省人。無名麵攤出名了，因為老闆姓韋，從此稱「韋家麵店」。

乾麵是招牌，其實就是陽春麵——麻醬肉臊陽春麵。麵條細直雪白，口感硬度剛好（老台南人會嫌它略硬），幾片白菜葉，麻醬香拌著肉臊，平凡，簡單，但不單調無聊，鹹香層次不錯，精采好吃（如給建議，稍稍鹹了些）。這爿老店跟許多人的童年記憶中的自家巷口麵店一樣，總是令人懷念。

「韋家麵店」
台南市東區前鋒路110號
06−235−8037

「江西味外省麵」
台南市東區青年路257號
06−208−0462

鱔魚意麵。

第八堂

滑溜香脆美味食補，台南小吃的「火力」展示

鱔魚，在早期是無法人工飼養的淡水野生魚類，珍貴、美味、營養。一般在捕獲鱔魚後，會先在清水中「靜養」幾天以去除土味及腥味。這跟日本料理的生魚片好吃的道理一樣，釣上來的活魚，因為掙扎糾扭，魚肉的風味變差很多，必須以靜水飼養一夜，等魚隻安穩，肌肉放鬆。

鱔魚宰殺時，以短鑽穿過魚頭，將鱔魚固定在木板上，再以利刃將魚頭及脊骨一刀割除，再將整片帶血的魚肉平鋪待炒即可，因其血尚保存

炒鱔魚都有這一鍋的火氣，在家無法下廚的爆火快炒

於肉中，故為「活肉」，此為鱔魚滋補的道理，也是受歡迎的原因。

鱔魚意麵的爽脆酸甜，是府城一項歷史悠久的傳統小吃，由於鱔魚本身血多、肉質鮮美因此是一道美味食補。大火快炒的鱔魚口感又滑溜又香脆，幾乎每個台南人都有一攤自己心儀的鱔魚意麵。但是精準度高的老饕，難免感嘆「現在鱔魚品質沒以前的好囉！」的確，古早味的炒鱔都用台灣水田現抓的鱔魚製作，口感爽脆又沒有腥味。「現代版」的進口炒鱔，品嚐起來滋味也不壞，但是滑溜魚肉在齒間嚼來的彈脆感已經略差了。

位於原沙卡里巴，已是百年的「老牌」，是府城最資深的鱔魚意麵老店，名聲響亮。從第一代「鱔魚南」、第二代「鱔魚祿」，到第三代廖國雄，招牌熠熠。百年前無意間，知道鱔魚是一道美饌而且有益身體，第一代「鱔魚南」的三兄弟，開始研發烹調的方式，同心創立了府城第一家鱔魚意麵店。

鱔魚好吃有四大要件。第一要新鮮！肉質細嫩、口感鮮甜。第二要件是火候。烹調鱔魚時要大鍋大火，精準掌握火候，入口時的爽脆口感，正是炒鱔魚最重要的特色，所以大火快炒時，火候以及時間的拿捏非常的重要。「老牌」標榜動作時間不能夠超過「27秒」，先大蒜爆香，緊接著將鱔魚段丟入鍋中，加入蔥、洋蔥、辣椒，以及調味料快速的翻炒，勾芡之後，稍許五印醋，起鍋倒在已盛盤的意麵上，一盤色香味俱全的炒鱔魚麵就完成了！這裡面已經包含了第三要件：佐料。

好吃的第四要件：麵條。此處意麵不同於肉臊意麵所使用的新鮮麵條，而是事先早已油炸膨脹的一坨一坨麵條團（樣子有點接近泡麵），因為蓬鬆容易吸收湯汁，會有不同口感。當然，這種油炸意麵則必須事先水煮過，而當初製作麵條時原已揉進蛋汁入味，所以口感香Q、香甜柔韌滑順。「老牌」的意麵非常有特色，尺寸非常大，直徑超過三十公分，每天開店前要先備料妥當，大鍋大勺熱油炸過的蓬鬆意麵，沾滿鱔魚勾芡湯汁的麵條，入口滑順，確實是府城美食的實力展現。

—老牌鱔魚意麵店—
台南市中西區卡里巴內第113號
06—224—9686

—城邊真味鱔魚意麵店—
台南市東區東門路一段235號
06—209—1235

鍋燒意麵。

第九堂
街頭巷尾隨處可見，
冰果室與簡餐咖啡必備輕食

鍋燒意麵，烹調的方式源於日本的鍋燒烏龍麵，麵條則是油炸的台南意麵，精準地講就是「伊府麵」。屬於古早味的「輕食」，極簡單的一種食物，卻一直深受台南學子的喜愛，所以那些當年下了課在街頭巷尾就來一鍋的人們長大了後，甚至外移到其他城市居住時，薄薄淺淺、左右兩個提耳的小金屬鍋，覺得別有一種親切輕巧的鍋燒意麵，便成了他們年輕成長記憶的鄉愁。

那個年代的小文青、高中女生，可以餵飽靈魂的輕食

鍋燒意麵的基本內容：就是一鍋高湯，一團圓圓扁扁炸過的意麵，一片魚板、幾隻蝦子、一把青菜，再依店家習慣添上瘦肉片、魚片、甜不辣、貢丸或魚丸等配料。先在爐子上頭煮滾煮熟，打一顆蛋，連著小鍋或倒進小鍋子裡，就可以堂堂上桌。在台南只不過是街頭巷尾尋常遍見的市井百姓「輕食」罷了，遂自自然然成為冰店、冰果室、小簡餐咖啡館必定配備的一味。再加上低廉平易的價格、還過得去的分量、以及通常怎麼樣也不可能太離譜的口味，因而多年來一直頗受歡迎。

地點在「國華街三段小吃菁英集中區」，老台南人習慣稱為永樂市場或是賊仔市，所謂「賊仔市」，因為剛光復後，美軍駐台期間，會有人拿美援物品、舶來品以及來路不明的貨品到該處販售而得名。無名鍋燒意麵店面簡陋不起眼，沒有招牌，如果不特別介紹引進，遊客不會逕自登堂。基本上，這是一家府城在地人的私房古早味小吃攤。下午三點半，便有許多在地老饕陸續湧進店內，饗食以柴魚高湯煮的日式輕食料理。約是七點售完打烊。

鮮美的柴魚高湯，是好吃的第一要件。點食後，首先在爐上的湯鍋，新舀入已熬煮多時的湯頭，加熱煮沸，油炸蓬鬆意麵入鍋，等麵條熟透。再加入一片魚板、兩片桃花麩和魚炸物等等，待湯重新滾沸後便打一顆蛋下去，湯鍋立刻離爐，起鍋倒入已盛有茼蒿菜的小鋁鍋，撒些蔥花，清爽簡單。

油炸過的意麵，有點像泡麵，入鍋煮過吸入大量鮮味湯頭，極富韌性嚼感，非常入味順口。酌量加上辣椒細末後，先喝一口湯，再大快朵頤麵條。鍋裡的蛋黃，軟心而不熟硬，蛋香迷人。好吃的府城小吃，基本上，是很講究沾醬的，鍋燒意麵也不例外，備有薑汁醬油，提供給湯鍋裡包裹著魚肉、鮮蝦的日式炸物蘸用，口味不鹹，微微薑味中帶有甘香。

|賊仔市鍋燒意麵|

台南市中西區國華路三段178號

|李媽媽民族鍋燒意麵|

台南市中西區赤崁東街2號

06－222－7654

|蘇家鍋燒意麵|

台南市中西區金華路四段102號

06－221－2529

蚵仔麵線。

第十堂

紅麵線與白麵線，都可以烹調成小奢華的海之味

以前農業社會，它就是「麵線羹」，是當時的主婦烹煮給農耕者的點心。為了便利多人享用，通常將麵線煮成一大鍋（像是米篩目的由來與目的，也耐放），起先並沒有加入任何配料，一些靠海地區丟入盛產蚵仔來增添風味與補充營養，確實它更豐腴了，其他地區陸續跟進，這是蚵仔麵線的前身。麵線羹後來傳到各地，依當地物料出產的差異，有加入大腸、肉羹等不同材料，這也是在南部常吃到蚵仔麵線，而

在府城，蚵仔彷彿不用錢，總是奢侈地、豪氣地加料

台北吃到的多是大腸麵線的主要原因。

鹿港天后宮附近有多家的蚵仔麵線小店，那裡有些地方使用白麵線，非勾芡成糊狀的紅麵線，精準的說這就是「白麵線蚵仔湯」。所謂傳統認知好吃的「蚵仔麵線」關鍵有三，一是紅麵線，耐煮不糊；二是新鮮的蚵仔（小牡蠣）；第三則是深邃稠腴湯頭。府城街頭仍有古早味「麵線糊」，國華街二段的「員林肉圓」有售，大骨熬煮的湯頭甘甜適口，麵線與羹汁渾然美味，不加蚵仔，倒是有成小塊的滷肉錯散其中，更顯滋味。

先說說「紅麵線」。「白麵線」是清領時期由泉漳、福州傳入的，後來先民發現白麵線增加「蒸」過程，之後的白麵線會變成紅色，它的韌度會減少，但是耐煮性會增加，這造就了台灣獨有的紅麵線。

再說說「蚵仔」，如果是蚵仔產地，店家不怕你吃，多是直接氽燙過的白白胖胖蚵仔丟入麵線糊中。至於非產地的小店，則先將蚵仔拌太白粉（口感可以偽裝成軟嫩，另外蚵仔因為遠送，都會泡水膨脹，加了太白粉也可以防止消水變小），當然它有了一層外套，店家攪動時蚵仔也比較不會「破皮」。高湯部分，道地台北口味的蚵仔麵線，多以柴魚、沙茶醬、柴魚片等材料下去熬煮。

府城有幾家好吃的「台北味」麵線糊，如青年路上的「台北順口味蚵仔麵線」。我則喜歡位在台南市崇學路的「台北米粉湯」店家，老闆娘早年嫁到台南後，發現在台南不易吃到道地台北口味的米粉湯、蚵仔麵線，便自行創業，先在崇德市場以小攤子的型態經營了十幾年，再以店家形式也經營了十多年。在府城賣小吃，「敢」標榜台北味的小吃，真的是只有蚵仔麵線了。

可是，府城有真正屬於自己的古早味「蚵仔麵線」，迥異於台北蚵仔麵線，而且大氣多了。第一次吃到的台北人，會有被比下去的感覺。沒有湯湯水水的羹汁，麵線已經吸飽新鮮蚵仔湯汁，調味適口，加了些韭菜花段，再拌入非常多豐腴而鮮嫩的蚵仔，吃起來海洋的鮮腴盡在口齒留香。安平區的「海之味海鮮餐廳」，在安北路往四草大橋前左側。每次我去，總期待這一味紮實又有「小奢華」的安平外海養殖的蚵仔麵線美食。

「海之味海鮮餐廳」
台南市安平區世平五街40巷55號
06－391－0890

第十一堂

藥膳味清鮮甘甜，深邃湯色泛著優雅的油花

當歸是一種藥材，在中醫中使用非常廣泛，「四物湯」是中醫裡補血、養血的藥膳湯，就是以當歸、川芎、芍藥、生地四味藥組成。中成藥裡的烏雞白鳳丸、四物益母丸、八珍益母丸都有當歸，因而中藥配方中素有「十方九歸」之說，十種藥方裡就有九種要用到此味。

其實，「當歸」名稱係由功效得名。宋代醫家陳承說：「當歸」因能調氣養血，使氣血各有所歸，所以叫「當歸」。當歸乃婦科要藥，具有滋養

店家總是持著小剪刀，自由心證地抓起一端麵線，剪下

容顏，補血活血，調經止痛等功能。李時珍所著《本草綱目》中說：「古人娶妾為續嗣也，當歸調血為女人要藥，有思夫之意，故有當歸之名。」

松竹當歸鴨麵線店，創始者陳古松年輕的時候，在當年府城的「小吃聖地」沙卡里巴當學徒，學得了好手藝，也盡得當歸鴨烹調的精髓，於是在民生路創業插旗做生意。以當歸鴨藥膳味清鮮甘甜的湯汁，博得府城油湯業的老闆群的美譽。三十年前，第二代陳明銓也入店幫忙後，更加蓬勃。現在第三代已經站在掌廚的位置。

松竹的當歸鴨的烹調：以當歸、熟地、甘草、桂枝、肉桂等等二十多種中藥材，其中有一部分只有小量，當是「藥引子」用，讓整個藥材發揮成「調氣血的好湯水」。熬煮過程中，松竹將生全鴨同時放入湯水中，大約一個小時後，取出。但是

雙手捧著，聞著當歸沉穩的香氣，看著優雅的油花

藥材繼續熬煉，與鴨汁與油花再加熱兩個小時，這時候，因為「熟地」這一味藥材已經把湯色熬成非常深邃，「當歸」的清鮮味也隱隱飄出。一隻全鴨，切成十四塊，食客可以自行點食所要的鴨部位，當然，有時候熱門部位常常缺貨。肉塊再投入湯中回溫，即可與紅麵線入碗了。

熱騰騰湯色，泛著優雅的油花，這是老店才有的香腴特色。

—松竹當歸鴨麵線—

台南市中西區民生路一段152號

0925—321—596

—亞德當歸鴨—

台南市中西區國華街3段180號

06—221—0273

手工魚麵。

第十二堂
吃巧不吃飽，鮮香綿甜愈咀嚼愈鮮美

魚麵雖說是「麵」，但是完全沒有用到麵粉，材質是以曾經被海港人棄之如敝屣，並非高經濟價值魚獲的「狗母魚」，打成魚漿所製。先以伏特加瓶子（沒有木頭的毛細孔）將魚漿壓製成薄薄大大一張，擀麵過程中需要撲些太白粉，免得魚漿片水分過多黏住擀麵的玻璃瓶子。已經成了一大張麵皮，拉起一端，將其來回摺起，再切成細條三分寬度的麵條，切好的魚麵條放在籃裡，因為水氣偏重，麵條常常彼此黏在一起，

用伏特加酒瓶擀勻麵皮，來回摺疊，一刀刀切斷成麵條

抖呀抖的，原本黏著的麵條就散開了，也抖去了多餘的太白粉。

因為是純魚漿製成的魚麵，置入滾水片刻，即可煮熟，盛入碗。新鮮魚麵無魚腥味，純粹順口，香勁柔韌，長時間咀嚼有一股綿香鮮甜。吃魚麵，強調「吃巧不吃飽」，略帶點Q勁，愈咀嚼愈鮮美，散發出純魚肉的鮮香，讓人回味再三，這可是府城獨一無二的好口味。魚漿當然是以魚肉蛋白質為主，可是「狗母魚」的軟骨也完全磨碎其中，所以魚肉的營養加上魚骨的鈣質和膠質，更讓講究營養的現代人著迷。

「卓家魚麵」的原創人為卓吉益先生，十九歲時，學藝於從潮州澄海來台的大姊夫陳志光。潮州澄海即是汕頭市一部分，地處在福建閩南人跟廣東客家人之間，一八六〇年代天津條約之後，通商門戶洞開，安平港、淡水、打狗與潮州都是通商口岸，於是台南跟汕頭就有定期的船班互通有無，所以台南有不少汕頭人移入，他們引進家鄉美食，台南街頭頓時增加了許多新的小吃品項：杏仁茶、豆花、魚麵、魚冊、沙茶爐、沙茶醬等等。

卓吉益自行創業開店，前後已超過五十年了，目前是第二代接手上陣。「卓家魚麵」多年來已經成為府城的「招牌小吃」之一，以魚香鮮甜的口感抓住老饕的胃口，這是府城十大要排隊的店家之一。建議點選「乾麵」，麵條煠熟入碗，加些青菜和燙熟的碎絞肉，輔佐麵條的魚香，幾滴香油，撕成小片的海苔，些許芹菜末子，最後撒上白胡椒粉即可。

我也常到府前路的「夏家魚麵」，這是府城唯二的店家，與卓家有翁婿親戚。魚麵，絕對是府城十大必吃的美食，口感爽韌而清腴。

「卓家汕頭魚麵店」
台南市中西區民生路一段158號
06－221－5997

「夏家手工魚麵店」
台南市西區府前路一段343號
06－214－4400

魯麵。

第十三堂
豪華版古早味肉羹麵，昔日仕紳之家媳婦必備拿手菜

道光皇帝的特質：「生活節儉，治國吝嗇」，成了史學家揶揄的話題，卻也成就了一道美食。

話說「小氣道光」對第二任皇后——孝慎成皇后的賢惠十分滿意，有一次皇后生日，決定為皇后祝壽。滿朝親貴重臣獻上壽禮，拜完壽，自然留下參加宴席。眾多文武百官心想皇家御宴將是何等排場，不料開宴才見一人一碗「滷麵」，大家總算見識到了這位摳門老闆的省吃儉用。

這個「滷麵」，後來成了福建著名的「古早味、

過去仕紳人家的媳婦，打魯麵是攸關家族面子的大事

喜慶、豪華肉羹麵」，台南有稱之「魯麵」者，至今府城人家有喜慶時，仍會烹煮與親友饗食。這是台南在清領時期後葉，由福州引進的習俗，算算時間，剛好是道光皇后的生日滷麵輾轉流行到了府城的時間。

「滷麵」是在早年府城祭拜佛祖生日和各路神明生日時，最被期待的豪華麵食。用現代稱謂「古早味的肉羹麵」，應該可以精準傳達台南「滷麵」的定義。清領時期後葉，府城人開始把「滷麵」用在結婚喜慶、生子彌月、長輩生日等大日子，並獨特稱之「打滷麵」，有專業的料理師接受預約送到府上。勾芡的麵湯裡添加當時最豐富華麗的食材，來表示宴客的豪氣，滷麵上面放置兩隻不去殼的紅紅對蝦，象徵「一對龍鳳」，代表喜氣。通常食用時間多提供在非正餐的時間，當是餐宴前的點心麵食。因為早年交通不便，為了趕路赴宴而誤餐的親友，或街坊鄰居前來幫忙時的酬謝便餐。

做法是先以大骨、扁魚、蝦米熬主湯頭，湯內有白蘿蔔、胡蘿蔔、木耳、金針菇、大白菜和蛋絲等（這裡面含有「五行」的青紅黃白玄「五色」）。當然，主角肉羹塊精采了，滷得軟嫩的瘦里肌，外面裹上旗魚漿，口感香嫩。湯汁勾芡後，輕輕攪動，同時緩緩倒入蛋汁。油麵另外煮熟，起麵後先入碗，再淋覆量好料多多的滷麵羹汁，加上五印醋，再放些翠綠香菜，撒上一些胡椒粉即成。特別說明，這碗滷麵是昔日仕紳之家媳婦的必備拿手菜。

台南有甚多好吃的滷麵小攤：阿英滷麵、阿娟滷麵、阿婆滷麵、阿浚師滷麵等等。過去他們都是專業的料理師，接受預約送到府上服務，在結婚喜慶、生子彌月、長輩生日等大日子，這種「慎重再三的肉羹麵」最被期待，食客們也都會偷偷打分數，好吃與否，配料豐富，這是主人家的面子問題。

……………………

|林玉文定魯麵|
台南市南區金華路二段9巷66號
06－263－5545

|阿娟魯麵|
台南市中西區國華街三段87號
06－220－6812

|阿浚師魯麵|
台南市中西區民族路二段369號
06－224－0344

|阿婆魯麵|
台南市中西區國華街三段51－2號
06－220－4090

豆簽羹麵。

第十四堂

甜蚵仔佐虱目魚肚切片，回味甘美的雋永美食

米豆簽也有人稱為豆簽麵，是早期台灣庶民主食的一種，這是源於泉州安溪的小食。由於米豆簽麵條細薄，快煮易熟，自古以來為閩南百姓喜愛的食品，既可做湯又可飽食，更可當食療，古人說「頭殼痛豆簽神，牙齒痛糜粥命」。當頭痛時，煮米豆簽加白胡椒、蔥段食用，效果神速。米豆簽沒有加防腐劑，古法製作的米豆簽是最健康的。米豆簽羹更為台灣著名小吃，最傳統的做法：以米豆簽和切成條狀的絲瓜，加鹽、水烹煮，

參加將軍區莿桐老樹的音樂會，小攤美食是歸途最大的驚喜

再放入蚵仔煮熟，最後以太白粉勾芡就可上桌。這是古早味的「豆簽絲瓜」。

米豆因為顏色「米白」，所以有此稱呼，又因為豆子中間處有一黑斑點，像是黑眼珠，所以又有「黑眼豆」稱呼。米豆多產在南台灣，可與稻米同煮成飯或粥，稱之「米豆」這也是原因。根據網路資料，其營養成分豐富與功效頗著：「米豆的營養價值很高，含有高量的葉酸，並是礦物質鉀、鐵、鎂、維生素Ｂ1的良好來源，同時含有鋅、銅、維生素Ｂ6、菸鹼酸、泛酸等營養素。更含有比五穀類更豐富的離胺酸和色胺酸，因此米豆常被添加在五穀類中做為胺基酸互補的營養補充劑。」

先民以米豆為原料成分，依傳統古法製造，麵體做好，用手工折好，一個個擺入竹盤中，每天早上開始日曬到麵體完全乾燥為止，這就是米豆麵的製作，然而多以「米豆簽」或是「豆簽」稱之。煮成湯麵為「豆簽羹」，我年幼時曾在家鄉竹山吃過，之後這個味道就遺忘了。

直到幾年前，前去鹽水，當地人盛情推薦我光顧「朝琴路十六號」，伽藍廟斜對面。豆簽羹帶著薄芡，湯色清澈(以虱目魚骨熬煮)，有鮮甜蚵仔和虱目魚肚切片，最後撒上香菜段子，麵條軟嫩(米豆粉裡有添加鴨蛋，讓口感更順滑)，幾乎不用咀嚼就可入口。話說鹽水豆簽羹的歷史是從鹽水牛墟開創以來就有，大約剛剛光復，物資極度缺乏的時代。剛開始並不是每天都有營業，而是配合牛墟的時間開攤(鹽水牛墟固定在每月逢一、四、七日才有開市)，攤位設在鹽水鎮菜市仔口，攤名就叫做「一四七」(真聰明的命名)。

二〇一五年盛夏，在台南將軍區的老莿桐樹活動結束，黃昏六點多，天色依然明亮。回台南的方向，在「南24」公路近漚汪聚落，高姓宗祠前的路旁，有一攤古早味「豆簽羹」。歡喜，趕緊下車。這家小攤的湯頭是斤二重的虱目魚骨所熬煮，之後，湯頭汆過魚肉、鮮蚵，勾芡處理，滋味更顯鮮腴潤滑。碗裡大量的虱目魚肉片，肥碩紮實的當地蚵仔，些許香菜段子，撒上白胡椒粉。味道？「這是會人回味甘美的雋永美食」。如果你去將軍，一定要試試。目前這是台南唯二的「豆簽羹麵」，值得。

|鹽水豆簽羹麵|

台南市鹽水區朝琴路16號，伽藍廟斜對面

06－652－8437

|將軍豆簽羹麵|

台南市將軍區「南24」公路近漚汪聚落，高姓宗祠前

眷村涼麵。

第十五堂

一半韌實一半滑綿，跨越竹籬笆的眷村文化勁味

二空眷村，位於台南市仁德區（與東區、南區交界處），此處居民多為光復後隨國民政府遷台的空軍與其眷屬們。過去曾是「空軍第二供應司令部」的眷區，因而得名，麵食是他們的主食，其中以涼麵名氣最為響亮。

店面不怎樣，嗯，就是一間樸拙陽春其貌不揚的店家。好吃的程度卻如同教科書的精粹，再佐以眷村文化「勁」味，精采，屬於「會吃」等級！台南機場周遭建有一些空軍眷村，「水交社」

二空眷村的村長涼麵，是此類涼麵的醬料教科書

領級的眷村，近年已拆；市區較遠的「二空」則屬於軍士官的眷村，竹籬笆的氣息依然迷人，如同第二代保存下來故鄉的美食。「村長涼麵」有涼麵、涼皮，近年又多了紅麴、蕎麥口味。從涼麵開始介紹：涼麵好吃的因素有三：優鮮的麵條、煮麵的火功、精采的醬汁。

麵條是當天擀製的，麵香新鮮，不是擔仔麵那種黃黃的油麵，而是府城人所說的「外省麵」，中筋麵粉加水揉擀，細條，微黃，因為裡面添加了鹼素，嚼勁風味更佳。煮麵的火候是關鍵，完美的嚼勁，完全得自下鍋經驗。起鍋後，攤在大盤上不停地翻挑，吹風降溫，中間要加入些許的沙拉油，讓麵條不黏攪在一起，而且可使麵身更彈性緊實。冷卻過程中，不像日本的蕎麥麵，直接投入鎮冰的清水中，讓麵身遇冷收縮。店家僅以自然風與巧勁地手工翻動，麵條如果擀得好、煮得巧、翻得鬆，口感就完美。

醬汁有二，拌麵配料中的芝麻醬，選用新鮮好芝麻糊再調以香油稀釋，比例適中，香濃不稠。最後的關鍵「四味醬」淋汁：清甜、輕酸、雅鹹、蒜辣，厲害的四味組合！與冷麵均勻攪拌後，搭著爽脆豆芽和小黃瓜絲，這就是簡單料理中的大不簡單！我喜歡他家的調味辣渣，裝盛在大鋼杯中，香韻流散，麻辣兼具。

至於「涼皮」是啥？許多人沒聽過，它是華西地區的風味小吃，在陝西、山西頗受歡迎的夏季清爽美食。涼皮，又稱皮子、釀皮子、麵皮，據考它是由唐代「冷淘麵」演變而來。光復後，隨著大江南北的移民到了台灣，落腳在二空，現今已跨越竹籬笆，傳入府城大街小巷，增添台南小吃新物種美味。

「涼皮」講究「白、薄、光、軟、釀、香」，製作方法有三：蒸、擀、烙。府城的涼皮以「蒸麵皮」為主，中筋麵粉加水均勻攪拌製成糊狀，發酵，盛入圓形平底的金屬容器，搖擺橫晃，使得麵糊平展得鋪在容器底，然後放入大蒸籠內蒸製，炊熟後的圓形整張皮子大約有三釐米厚。接著把麵皮過涼水冷卻，切成長條，外觀些許像美濃的客家粄條。點食時，可以單點「涼皮」，也可要求「鴛鴦麵」，就是一半涼麵一半涼皮，一半韌實一半滑綿，加入同樣的芝麻醬與四味醬，再酌量加上「辣渣」豐富你的味覺。

二空村長涼麵

台南市仁德區成功村保華路14號

0932—804—637

煨麵。

第十六堂
高湯萃取食材精華，極其費功的上海本幫滋味

「煨」，是文火熟物的技法，是指把食材埋入有火的灰燼中，利用餘熱將食材慢慢熟成的料理方法。這種稱之「火灰煨」的技法，古人常用灶灰餘火，把白果、栗子、鮮筍或是地瓜置於灰燼中，長時煨熟，食材熟透後特別香腴。台灣農家的「焢窯地瓜」即是煨的一種。

用小火煨的料理，則是由煮、熬技法演變而來。「紅煨」：食材加上醬油煨製，湯汁呈現棕

所謂「煨」，有湯煨與炭煨，細火慢煨的湯汁煮麵是絕活

紅色得名，如蘑菇煨雞、紅煨豆腐等。「白煨」：食材不加帶色調味，保持食材本色，如火腿煨肉、醃篤鮮等。「罐煨」：食材多樣放入煨罐裡，一次加足清水，調味，以小火煨透而成，湯色多濃郁香醇，稠而不滯，滋味融合各種食材精華，爽口甘甜不油膩，如佛跳牆即是。至於「煨麵」，則是淮揚菜的一種麵食，其製法是多時煨透高湯，再將麵條以此高湯煮製，使麵條充分吸收湯汁。這是極其費時的工夫麵食。

位於東區崇明路的「居食之家」，是個上海菜館子，我的私房待客餐廳。老闆燒得一手好上海菜。所謂「上海菜」，簡稱滬菜，狹義上說上海菜即本幫菜，為發源於上海本地的一種菜系。現在多廣義地解釋：以本幫菜為主，融入各派之長，形成的綜合性、廣泛性的菜系。店家有淮揚「煨麵」，讓愛吃麵的我驚喜連連。煨麵平日提供，假日則因生意忙碌，「不供應」費時費工的麵食。

先說說湯頭，店家以老母雞與豬大骨熬煮超過八個小時以上，湯色白濁潤腴，濃醇厚香。另外起一鍋爆香用的，丟入肉絲、大量筍絲、些許雪裡蕻（又稱雪裡紅、雪菜、春不老、皺葉芥菜，是芥菜的一種），然後加入之前的湯頭。另外起第三鍋，清水煮沸，這是「過水」用的，將細麵條丟入鍋中，「去粉」後速速撈起。所謂去粉，就是用沸水將附著在麵條上的多餘麵粉去除。撈起的生麵再置入第二鍋有爆香料的湯頭裡，文火約二十分鐘。即可起鍋入碗，上桌。

請先一口湯，含著，不急著下嚥，讓味蕾充分感應如此豐腴湯頭，這是欣賞煨麵的第一個動作。第二，吃麵，麵條要軟而不糜，嫩而不爛，仍有咀嚼感但是滑順入喉，麵條要細，採用高筋麵粉加上麵芯粉混合，手工擀製才能達成口感要求。附註說明，「麵芯粉」是由小麥中心部分的胚乳磨製而成的小麥麵粉。粉質潔白，麵筋質量好，是比特製精粉加工精度更高的優質麵粉，適合製作各種高檔麵點。怎麼樣？在台南旅居了二十年，我也第一次如此驚豔，舊城竟然有如此道地的上海煨麵，相見恨晚。

【上海居食之家】
台南市東區崇明路510號
06－336－7560

日本拉麵。

第十七堂
堅持「和魂」的現做美味，挑戰拉麵控的極致味蕾

拉麵，每次到日本旅行我總會把它列為必吃名單，一些海外知名拉麵店家，一些不期而遇的精緻巷弄小店，有時豚骨豐腴的濃稠，盡興，有時味噌豐富的甘美，驚豔。當然也有地雷，敗興而歸者。回到台灣，近年來，台北已經盡是直接移植的日本拉麵連鎖店「林立」。話說拉麵，熱騰騰的湯、Q彈有勁的麵、軟嫩的叉燒肉，吃下去讓人身心都暖了起來。面對近來拉麵店如雨後春筍般地開起，台北人開始焦慮了，究竟哪一間最好吃？其他評價又是如何？

十人一字排開無語，低頭，怡然又訝然的美食表情

日本拉麵是用切製的麵而非拉製而成，這是有原因的。日本第一碗拉麵，竟然是明朝末年遺臣朱舜水流亡到日本後開始的，當時他用中國麵條答謝也是款待水戶藩藩主德川光國（德川家康的孫子），當時是日本的江戶時代。「ラーメン」的名稱應該就是當年來自漢語「拉麵」。到了明治時代早期，拉麵已經是橫濱中華街常見的麵食，那個年代都是來自上海與廣東的中國人在賣麵。到了昭和時期，拉麵在日本開始流行。太平洋戰爭後，小麥麵條因為政治因素改用蕎麥麵條。一九八〇年代，日本拉麵成了日本飲食文化的代表之一，日本各地都有人研發出別具地方風味的拉麵，近二十年來，日本電視的美食節目推波助瀾，連台灣人也開始瘋拉麵了。

台南的拉麵店家不是很多，小小的「八峰亭」則是被網友稱之「要早起排隊的日式拉麵」，只有十個座位，一字排開，像是東京築地的小料理亭的狹窄空間。中餐與晚餐各供應七十碗，早上九點開始臨門登記數量，從十點五十開始供餐。本地人常常向隅，一般遊客除非是拉麵控，更是難上加難。

「堅持現做美味，恕不提供外帶服務」，餐點主要有豚骨拉麵、豚骨紫菜拉麵、豚骨青蔥拉麵與豚骨青蔥叉燒拉麵。叉燒拉麵是有一大片超級飽滿叉燒，腴香醇美，分量超，有，誠，意，滿滿的蔥花顯得豪邁（額外加點），濃厚豚骨湯頭也道地，不輸我在日本所品嚐的白湯。白湯可加價變成味噌湯頭（日本進口赤味噌），也可加點一些可放到拉麵裡的食材像叉燒、海帶芽、筍干。我是蔥花控的拉麵客，這一碗湯與肉、麵與蔥的驚讚組合，我在想，會不會太優質了？

麵條是跟「立成製麵」訂購的，立成是水交社眷村的第二代所經營，在府城是頗負盛名的製麵廠。甩麵手法乃到食材的細節都是堅持日本調的「和魂」。

從用餐空間、經營哲學、美食味道……嗯，歡迎來到愛吃麵的府城，請排隊。

｜八峰亭拉麵｜

台南市中西區萬昌街15號

義大利麵。

第十八堂

府城街頭隱藏著地中海美食，用叉子一次次捲起幸福

來盤義大利麵吧！說說世界知名而且愈來愈流行的義大利麵源頭，包含許多義大利人都相信此乃傳自中國，跟冰淇淋一樣是馬可波羅在十三世紀末，從中國旅行歸來時所帶回來的飲食文化。當然，這一說觸發了一些義大利人的自尊心神經，所以他們的考古學家聲稱，古籍早就有食用新鮮麵條的紀錄了，馬可波羅自中國攜回麵條是無稽之談，兩者論述都有支持者。

義大利麵 Pasta，原意指的是「經搓揉過的麵糰」，其麵食成型的年代大約是十四世紀初，細麵條已經雷同於今天我們所吃到的義大利麵。接著是文藝復興近兩百年的發展，麵的形狀種類之多，據說至今已超過五百種，同時醬汁的變化也跟隨著藝術發展逐漸豐富起來。至於麵條不要煮到軟透，義大利麵講究的是al dente，白話解釋就是麵條中心還有一點硬硬的，這個習慣是近一百多年才開始流行的。

台南人嗜義大利麵的老饕眾多，不乏高手，他們也吃遍了世界著名餐廳。過去多年，台南街頭不乏義大利麵店家開張，我也走訪一些大小西餐廳們，想「挖」出道地又美味的義大利麵，這是有趣的味蕾尋覓旅程，同時也巡航在美食的大河，看看世界知名的義大利麵「引進」府城之後，府城老饕如何接受，又如何悄悄地改變它。

Pasta，傳統義式麵食都會用一種稱為杜蘭（Durum）的小麥粉製成，分有乾濕兩種型態。式樣有長條狀，也有半月形管狀的通心粉、扭曲狀的螺絲粉等。通常在烹調前都會燒開一鍋熱水，才把麵食放進熱水裡，以免麵食貼著煮鍋。煮麵時不斷輕輕攪拌鍋裡的麵，以免麵食黏在鍋裡。為了增添風味或防止麵條沾黏，在下麵過程中可加入鹽巴與少許橄欖油。當麵食煮至軟硬適中時，就可撈起備用。

除了麵條火候的精湛，餡料醬料也是決定美味的關鍵之一，絕非紅醬、青醬、白醬如此簡單而已。「天使的盤子」已非小吃，是偏高價（以台南一般標準）的餐廳，也是台南老饕列名「八大私房餐廳」之一，我想談談讓這家令人吮指再三的義大利麵，主廚是加拿大學藝歸國的年輕台南女婿，一手精湛而傑出的地中海美食手藝。

先是麵包沾鯷魚黑橄欖醬汁，綜合生菜沙拉裡除了紅綠時蔬之外，有義大利生火腿切片，鹽漬處理再略烤過，氣味真好，醬汁則是台東蜂蜜添加芥末子與紅酒醋。第三道是偏紅的甜菜濃湯，些許自製酸奶，複式而難以言喻的口味，卻是讓我聯想「地中海清晨的田園」，其中以西班牙橄欖油「潤」味，是點睛之作。

我到了廚房看主廚煮麵條，也看著他如何把約克夏豬肉片處理得爐火純青，裡面也加了長形的羅馬番茄，去皮切丁，下鍋，與白白的生香菇翻炒，中途分次加了三次起司，讓麵條層層都沾上肉汁與乳酪絲，最後是台南楠西產的櫛瓜小丁撒入。起鍋，入盤。用叉子一次次捲動著麵條，每一口都是幸福。這次美食經驗，我沒有訂位，沒吃到海鮮風的義大利麵，下次我會先預約，很快會再去的，因為主廚欠我一杯咖啡。

|天使的盤子 **Angel de la Placa**|

台南市中西區城隍街8號

06－222－9971

學分五—果子與豆子的甜言蜜語

台南的甜湯，有幾個歸納：果汁類、茶品類、鹹漬類、醋漬類、豆子類、傳統老派類等等。果汁類、水果冰好懂，南台灣盛產各式水果，其中以草莓冰、芒果冰、玉荷包清冰最著。至於「水果牛奶」則有木瓜牛奶、酪梨牛奶、哈密瓜牛奶等等。我喜歡「檸檬西瓜汁」，「清新與清爽」的輕甜微酸果香美味，新奇，好喝得很。

至於，蜜餞（古名果脯）是明朝御廚房所發明的，用糖或蜂蜜醃漬後而加工製成的食品，最早有蘋果脯、杏脯、梨脯、桃脯、青梅脯、山楂片等，都是宮中的妃子與公主的最愛。明朝中葉，這些美食做法陸續傳入民間，府城先民從蜜餞的做法糖漬、返砂、煮醬等等成了無所不能的酸甜汁：有了酸梅湯、李仔鹹湯、楊桃湯、鳳梨湯、情人果湯等等。

之後有「冰」了，台灣的美食歷史開始打開新的一頁。台灣人吃冰的歷史，不到百年，台南街頭的冰品，也因為先民的果子與豆子，有了新活力。

說「近百年」，那是因為吃冰這件事，要「有電」才行。台灣的電力供應，始於日治時期的一九〇七年十月，在新店溪的第一座水力發電廠；至於南台灣則是一九〇九年的事，荖濃溪與濁口溪匯合處下游約四公里處的竹仔門電廠，開始陸續供電給高雄港、台南市區、高雄市區、安平地區等等。

有電了幾年後，城市才開始有日本商人創設了製冰廠，枝仔冰從此進入電影院和大街小巷的「叭噗、叭噗」。當然，剉冰也開始流行，如果你在台灣小鎮旅行，總能找到一爿老冰店，七十年了，八十年了。當年那些最流行的剉冰裡，店家總會滴上些許香蕉油，這個味道成了許多人的童年古早味。

超過八十年歲月的「江水號」冰品老店，他家當年賣出台灣第一碗「八寶冰」獨領風騷，之後改變形態的蜜豆冰也開始流行，百花齊放。至於豆子類，綠豆湯、紅豆湯、花生仁湯、綠豆饌、紅豆牛奶等等也重新上陣。傳統老派類的杏仁豆腐、杏仁豆腐紅豆、紅棗蓮子銀耳湯、愛玉、芋頭湯、手工豆花、八寶豆花，也有青草茶、蓮藕茶等等鎮冰之後，更顯沁涼。

夏天，府城的熱是難耐的，但是府城人是幸福的，有各式消暑的酸甜湯汁。

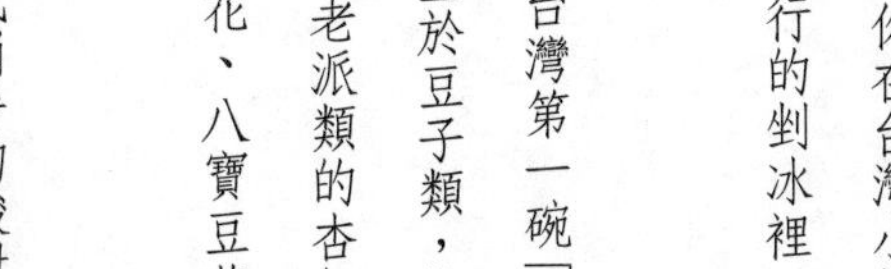

紅棗蓮子銀耳湯。

第一堂
養生又美味，府城經典家常涼湯

先吊一下書袋：說說哪位古人有哪位偶像，譬如孔子的偶像是周公，諸葛孔明則是管仲。至於唐太宗的兩位超級管家房玄齡與杜如晦大宰相，他們共同的偶像是張良，是的！就是劉邦身旁那位神機妙算的大軍師。今天的美食故事，就是來自唐朝的大宰相與漢朝的大軍師。

話說，劉邦開始殺戮開國功臣名將，張良深感自危，為了避禍，找了個理由辭官隱居山林。張良在隱居期間，依然低調忍氣，他知道即使遠

有人説銀耳是窮人的燕窩，我以為潤滑順口更盛一籌

離長安京城，劉邦一定仍然用某種方式監視他，所以，他經常採擷天然銀耳為食，表示自己的無欲與清白。

八百年後，被後世人視為良相典範的「房、杜」，以「房謀杜斷」留芳的兩位大宰相，知道了當年張良在隱居歲月，還念念不忘社稷，但又不能回朝廷效力的矛盾心理。他倆除了欽佩張良清白內斂心志，但是認為大丈夫不能僅圖清白，若死有重於泰山，那灑熱血拋頭顱又何妨？於是在張良的白透銀耳湯裡，加入了紅紅的枸杞，紅白之間，喻有「既要清白，又不畏死」。

銀耳，又稱白木耳，《草本綱目》有云此「窮人的燕窩」，有安神、增智、美容、養血、解毒等功能。府城人早也在自家炊煮此甜湯，鎮冰，當是夏日午後沁涼美食。當然，府城的木耳湯豪華版，則添加了養心益腎的蓮子，再以蜜香發酵的紅棗取代枸杞，更見風味。

府城人懂得白河蓮子，要好吃，就要熬煮成綿軟滑潤，但是外觀卻依然要粒粒完整，不能散爛開花，否則口感差矣。東西沒啥大學問，但在家裡煮還挺費事的，所以，如果有店家販售已經烹調完美的「紅棗蓮子銀耳湯」，那是善事一樁呢！位在郡緯街的「薏仁屋」，除了經典的薏仁湯之外，他們家的銀耳湯，可是適口清爽的庶民美味。

「薏仁屋」店家故事要往前推二十多年，當年因為街道重新規劃，郡緯街從無中生有，店主湯美華的老家就在一片拆解中剩下小小的三角形，殘缺的磚壁，斑駁的白漆孤立在街角上。於是湯女士將拿手的家居甜湯當是謀生的小鋪生意，因為食材新鮮講究，銀耳烹調得清甜爽脆，紅棗蜜香嫩美，小本經營竟也搖搖晃晃地走過二十多年寒暑，伴著府城老饕的肯定，這味從當年張良暗藏清白心跡的鄉野甜湯，成了府城養生美味的經典家常點心涼湯。

｜薏仁屋｜

台南市中西區郡緯街40號

杏仁豆腐。

第二堂

夏天驕陽下來一碗，沁涼無比的府城一品甜湯

府城人，盛夏之際酷愛杏仁冰，強烈而濃郁的杏仁馨香，不僅可以磨粉與米漿熬煮成杏仁茶，亦可製成豆腐狀，加入糖水鎮冰食用。杏仁，是杏的種子(果仁)，可以食用或入藥。食用的甜杏仁稱之南杏，藥用的苦杏仁則稱之北杏。杏仁除了美味之外，還有美容、潤肺功能。其營養價值，能促進皮膚微循環，使皮膚紅潤光澤。

近年頗負盛名的「懷舊小棧」，就座落在五妃廟正門對面，樟樹鬱鬱蒼蒼的樹蔭下擺著兩

這一碗色彩講究又美味具足的阿霞杏仁湯，我稱之府城第一甜湯

張桌子，清風除來，古早味與新鮮味相遇。除了杏仁豆腐之外，還創新了抹茶豆腐和鮮奶豆腐。「鮮奶豆腐」以純鮮奶、植物性脂肪乳、輕糖等自然食材，再以果凍粉凝固，口感細膩。另外，以天仁綠茶粉為基礎加入其他配料，製成圓形像果凍的「抹茶豆腐」，茶香濃醇，滑順爽口。

但是，阿霞飯店隱藏版的杏仁豆腐更值得介紹。每次在餐廳飽食之後，壓軸端上桌面的台式「杏仁豆腐湯」，現場一片哀號，哀號的原因是已經吃得太撐了，面對凡人無法抗拒這道甜湯，頓時天人交戰。神奇的是，甜品真的會對我們的胃有放鬆功能，每個人依然放情再把甜湯任務徹底完成。

湯裡的好料有桂圓、紅圓仔、蜜紅豆、蜜芋

頭、紅棗、杏仁豆腐等。首先熬這紅糖的糖汁很重要，一定要夠濃，使用時再稀釋用。基本上大鍋煮的甜湯，滋味會比較濃郁。煮湯前，先將桂圓泡水至展開，將紅糖熬成的糖汁與萬丹紅豆一起煮滾成蜜紅豆。將桂圓與紅棗、紅糖加些許水熬煮一小時至香氣撲鼻，同時，紅白兩色湯圓煮滾熟透備用在旁。

大大透明的玻璃碗公，先加入紅白湯圓、杏仁豆腐、蜜紅豆、蜜芋頭等等後，這些美味餡料高度超過碗沿，疊落成山，顯得豐富滿滿，適量加入些許紅糖湯汁，即可上桌。若是夏天煮這甜湯可酌加些許軟爛白皙花生仁，上桌前多加一些冰塊，這樣喝起來特別沁涼。這就是「府城一品甜湯」。

—懷舊小棧—
台南市中西區五妃街206號
06—215—8157

—阿霞飯店—
台南市中西區忠義路二段84巷7號
06—225—6789
06—222—4420

—杏仁伯冰店—
台南市南區南功街85巷20號
06—261—5669

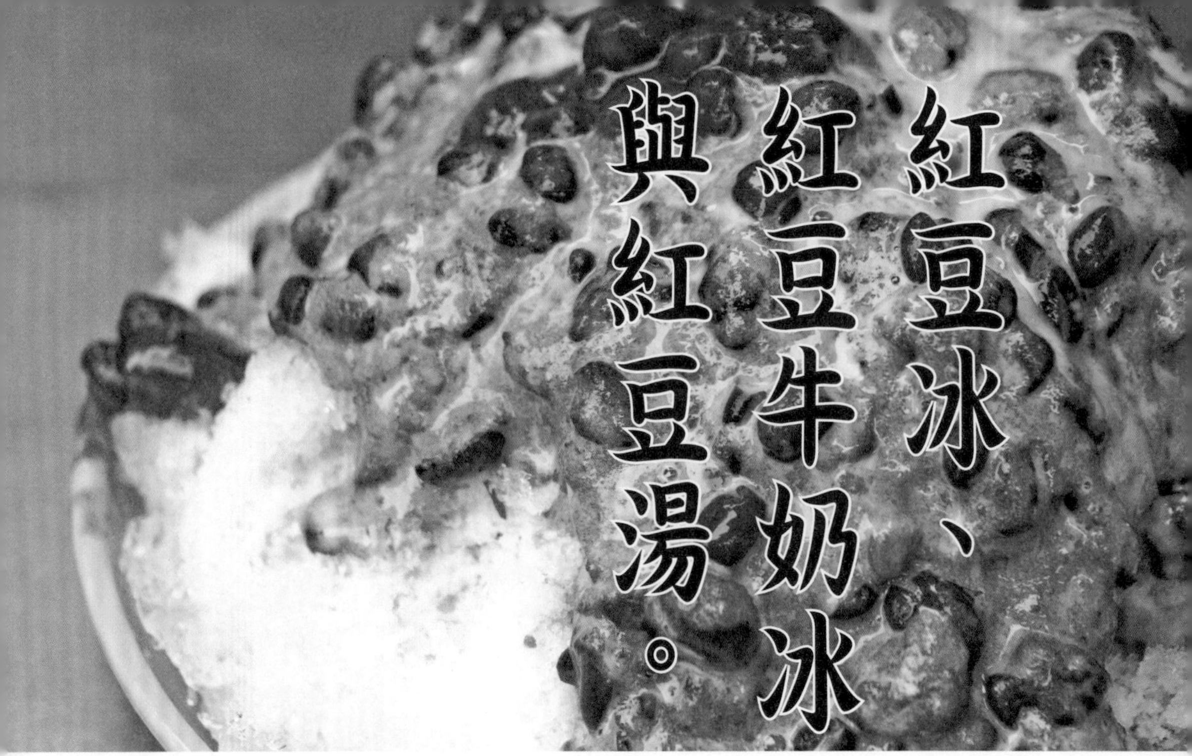

紅豆冰、紅豆牛奶冰與紅豆湯。

第三堂

四季皆療癒，這是一座喜愛紅豆美食的舊城

紅豆受歡迎的程度，不僅美食，更有文化層面的理由。遠的有神明慶典家中喜事的紅豆紅龜粿，再來有文定之禮的紅豆飯，近年，有爆漿的紅豆車輪餅等等。

的確，台南人酷愛紅豆甜食。知名老店總是一板一眼地燉煮火爐上的這一鍋，豆身不破卻又軟綿，豆身微破仍俱嚼感，水分的多寡，滾煮的火候，甜度的掌握，都如同實驗室的精準要求，

文青紅豆湯，網路的典範成了房東的肉票，他說搬家吧

烹理相似，但是各家細節不同，因為要搭食的主副料不同。

忠義路上的福樂屋「紅豆草莓大福」。裡面的紅豆餡做法，先用高壓鍋煮過，飽滿細膩，但是外皮絲毫未損，這時鍋內湯水剛好用畢。不起鍋，接著掀蓋，持續加火，改以大鑊開始翻炒，翻動之際豆皮磨破，部分豆沙擠出，但是紅豆水分逐漸收乾，之間加入日本液體藻糖潤味，最後加入兩大桶濃郁煉乳，翻攪拌勻後，關火，完畢。以煉乳的清甜奶韻交揉熟透紅豆的特有豆香，這是絕配的經典蜜味，紅豆餡厚厚包住整顆鮮紅當季多汁草莓，外層再包覆上軟白薄薄的麻糬米皮，即是冬季才有的「草莓紅豆大福」。

至於紅豆湯，民生路上的「冰鄉」，也是冬天限季的經典美食。「冰鄉」原是我的私房小吃店家，自從寫完《慢食府城》之後，這家老店夏季時永遠門庭若市，我成了路人甲。等到冬天，寒風裡人群遠去，才是我上門品嚐他家熱騰騰的紅豆湯之際。第一名，他家是我在台南眾多精采紅豆湯店中的排行。湯稠豆香，不糜爛而且軟細恰當，入口咂食卻是咀嚼得滋味四溢。我說這是給老饕品食的店。

「慕紅豆」小店，則是給文青品食的店。堅持用柴火熬煮的紅豆湯，裡面兩塊金黃地瓜，是配色也是佐味。年輕的店老闆，兩年前計劃用三輪車環島一圈，免費煮紅豆湯給路人吃。出發前，台南一群文青特地在漁光島舉辦踐行大會，幫他壯聲。之後大夥就在臉書裡看到他抵達那個村，見了哪些人，又在哪裡爆胎了。他真的把煮紅豆湯當是表演藝術。本來在信義街的老街陋屋店面，因為紅豆湯紅了，房東要漲價，三輪車要搬家了。

在台南市中西區民權路一段的「太陽牌冰店」，七十年台南老店，牛奶打發做成牛奶霜，在淋上大量紅豆稠汁和煉乳，這是我的私房清單。如同其他盛夏的夜晚，我總會抱著一大碗淋著滿滿的大小紅豆煉乳冰回家。一邊吃冰，一邊看電視……這是我的夏日療癒。

|冰鄉水果店|
台南市中西區民生路一段160號
06－223－4427

|慕紅豆|
台南市中西區信義街9號
0927－276－819

|太陽牌冰店|
台南市中西區民權路一段41號
06－225－9375

八寶冰、八寶湯和八寶豆花。

第四堂 整碗充滿豐富多樣餡料，協和圓滿幸福滿溢

「差操」（形容佳餚豐盛之至的台語）是這座富饒城市的基因，澎湃美食的一切，都顯得理直氣壯。宴客是如此，自己吃也要講究。一道美食，放入八種食材烹煮，則是直接表態「豐富而完整，具有多面向，置於一鍋烹調，協和圓滿」的哲理。

討喜的「八」，就是「發」的諧音，代表吉祥發財，喜意晉祿。美食除了八寶湯，還有八寶飯、八寶粥、八寶茶、八寶全豬湯、八寶藥膳鍋、八寶米糕等等，族繁不及備載。其實，骨子裡「八寶」不僅是豐富，八寶還有「帝王之位」的意思，說八寶美食，有誇大形容是帝王等級美味。然而，今天府城的「八寶湯」指的就是：「料多味美的好吃熱甜湯」，那些多樣豐富的添加料有小紅豆、大花豆、花生、綠豆、薏仁、芋頭、番薯、粉圓、粉角和湯圓等等。府城在深秋之後，涼風吹起，

街坊有許多因應季節的小吃，在湯鍋中冒著熱騰騰的蒸氣呼喚著我們的食慾。冷風涼意裡，一碗熱氣騰騰的吉祥八寶湯，還是很幸福的享受。

民族路上石精臼廣場的八寶湯與八寶冰，是極具特色的冰品甜湯的老店，五十多年前，謝西瑤先生從法警退休後轉行賣冰，先在古名「蕃薯崎」的木炭店前擺攤，後來遷移到民族路遠東百貨斜對面，這時已是府城八寶冰的名店之一，沒有特別的店名，老饕直接稱呼「民族路八寶冰」。第二代謝奇璋接手，近來轉進府城小吃聖地「石精臼廣場」，晉身黃金地段。謝家的八寶湯特別的是，冬天也賣冰，夏天也賣熱湯，而且生意不惡。

攤架上擺滿各式配料，壯觀好看。古早味的粉角、薏仁、杏仁粿、杏仁豆腐、花生仁、花豆、紅豆、綠豆、蜜蓮子等。樸實而簡單的材料，可

是製作過程都遵古法，全部自家熬製不假他人，所以品質與口味，絕對精準，像紅豆就需熬煮四個小時，而且粒粒分明，入口卻又軟糜順口，豆香濃郁。其他八寶的配料，有一項迷人而彈牙的，那就是「粉角」，完全不同別家粉角的柔勁實韌，咀嚼起來那種在齒牙之間的經驗是少有的。

如果，選用熱的八寶湯，謝家會先將攤架上已經涼了的配料，先入鍋回溫，再與甜湯結合，體貼地讓湯與料都是溫熱暖暖。特別的是，你也可以點用「熱料涼湯」，熱熱配料先入碗，加湯後再補一些剉冰，讓湯汁降溫，但是又不影響配料的熱度，入口，有熱的料也有涼的甜湯，這樣高反差的口感也吸引許多老饕，值得一試。

—八寶彬圓仔惠（金華店）—
台南市中西區金華路四段71號
06－223－9955

—八寶彬圓仔惠（國華店）—
台南市中西區國華街二段99號
06－226－3432

—民族路八寶冰—
台南市中西區民族路二段230號

—江水號八寶冰—
台南市中西區國華街三段16巷13號
06－225－8494

—冰鄉水果店—
台南市中西區民生路一段160號
06－223－4427

愛玉冰。

第五堂
琥珀色的一縷幽香，一百五十年前就在府城首賣

關於愛玉名稱的來源，根據連雅堂《台灣通史》記載：「產於嘉義山中。舊志未記載其名，道光初，有同安人某居於郡治之媽祖樓街，每往來嘉義，採辦土宜。一日，過後大埔，天熱渴甚，溪飲，見水面成凍，掬而飲之，涼沁心脾，自念此間暑，何得有冰？細視水上，樹子錯落，揉之有漿，以為此物化也。拾而歸家，以水洗之，頃刻成凍，和以糖，風味殊佳，或合以兒茶少許，則色如瑪瑙。某有女曰愛玉，年十五，楚楚可人，長日無事，出凍以賣，飲者甘之，遂呼為愛玉凍。」

以前小販用膠袋裝冰水，一端拴著繩子提著，開口處一根吸管

用白話說：有一位府城商人住在五條港的媽祖樓街，他常常到嘉義鄉野採買農產品，一次路過嘉義大埔（嘉義縣東南隅，近台南白河、東山區），在山麓清溪中意外發現天然的果凍，好奇的他查出這是一種可揉漿的果子所至，攜回，製作凍塊後加入糖水，爽口宜人，以女兒愛玉的名字稱之為愛玉凍，並且在台南街頭銷售之。如此一算，從「愛玉凍首賣會」迄今，我們已吃了一百五十多年了。

至此，想推薦三家府城的愛玉小攤小店：第一家民族路與新美街路口，冬天賣白糖粿，夏天則是愛玉，琥珀色愛玉凍碎塊中，添加些許切得細細薄薄的杏仁豆腐，白晰透亮，些許數量，點綴其中更顯金黃色感，而不會讓杏仁香氣霸凌愛玉的幽香。

第二家在宮後街與西門路二段路口，無名愛玉小攤，說「宮後街」是「水仙宮之後的老街」，這是早鳥限定的台南愛玉著名小攤。鮮少遊客，是台南庶民小食，配料有杏仁豆腐、粉粿、粉圓。我總戲稱這是台南「文青愛玉小攤」，樸質古味，你去，會明白。

第三家在友愛街，「佛都」桂花鳳梨愛玉，這家以添加鮮果打造的創意愛玉飲品聞名，近年大紅大紫。二〇一四年夏天，交通部觀光局又邀集各店家祭出創意愛玉料理，經過專家評比與六萬網友票選，勇奪全國愛玉冰的冠軍，為府城小吃傳奇再添新頁。招牌鳳梨愛玉，選用當令關廟鳳梨鮮果，調和出酸甜感，削皮、切丁、打泥，原汁原味不摻水，加上淡淡的桂花香，口味清新。但是，果香濃郁反而掩蓋了愛玉清新香氣。成了配角的鎮冰愛玉，依然迷人爽脆，略略彈牙，這是整個冰品精華之一。

—趙家愛玉冰／白糖粿小攤—

台南市中西區民族路二段258號前

—無名愛玉冰小攤—

台南市中西區西門路二段275號旁，宮後街口

—佛都桂花鳳梨愛玉—

台南市中西區友愛街223號

06—220—1166

土豆仁湯。

第六堂 比電腦撿的更綿密，湯色乳白豆香四溢入口即化

過年時，去了台北龍山寺，走訪人山人海的大廟之後，在路邊品食了一碗頗負盛名的花生仁湯，僅吃了一口，立刻察覺豆仁是冰凍過的非新鮮熬煮的，口感粗糙不潤，完全沒有花生仁的豐厚香氣，乳白湯水稀釋無趣，僅僅加熱加糖。我放棄了，卻也想念起台南民生路的土豆仁湯老店。

花生的本名叫做「落花生」，那是因為它的花謝了之後，其「子房」落地，會潛入地下生長

客家人也有類似麻糬，稱之牛汶水，都是把麻糬置放在湯水裡

而結成果實，所以有此名。民間習俗上元節吃花生元宵可添壽，因花生又叫「長生果」。台灣稱其為「土豆」，更有一份親切。花生原產於南美洲巴西，於明神宗時，大航海時代，從西班牙的殖民地呂宋間接由南美洲傳入的。

光復後的第二年（一九四六），創業者莊清，選用北港的生花生仁，去豆膜、清洗、浸泡近三個小時，除水、再洗過。經過這樣的工續後，開始水煮，文火熬煉大約七八個小時，如果碰到一些特殊品種，有時還要熬上十個小時以上，滾到極軟糜爛，每粒土豆的形狀都保持得相當完整，天然的花生油脂與湯汁混溶為一體，湯色乳白，豆香四溢，入口一抿即化。莊清便以此味花生湯，風靡了府城老饕。綿、綿、綿，就像廣告上說的，而且比電腦撿的更綿。入口，嘴巴一含花生仁就化掉了，齷齒之間的古早味、軟棉的花生香，甜蜜蜜的。

這爿店之前沒有店名，像許多府城的有名的「沒名小吃」，後來需要一個店名來稱呼，而第一代和第二代莊文彬，已經把店經營地這麼久了，乾脆店名就叫做「老店」。近年府城小吃地位更上一層樓，第三代接手有了新想法，正式稱之「莊子」。

「莊子」還有一味「糖漿麻糬」，以適量的長糯米和圓糯米，同時講究搭配新米和舊米，新米黏，舊米Q，以做粿的工續，水煮，起鍋之後浸泡在糖漿之中保溫，並且吸收甜分，同時去除多餘的水分。當客人點選後，取出兩球擱置在盤上，一球灑上花生粉，一球灑上芝麻粉，因為從糖漿中撈出，本身已有甜味所以不用再加糖，可以直接食用，口感韌密，別具風味。

—莊子土豆仁湯—
台南市中西區民生路二段86號
06—221—8529

桂圓綠豆饌。

第七堂
從恆春來到府城，平凡甜點的華麗大變身

去殼的綠豆仁，看起來像是剁碎的白色蒜瓣（跟大蒜沒關係），稱為「綠豆蒜」（改稱「饌」純為了文字之美）。綠豆仁以要用蒸的工續，然後略略煮過，軟爛但保有顆粒的沙沙口感。這個甜湯名詞始於屏東恆春老街「阿伯綠豆饌」，從小推車伊始。綠豆加上糖漿與地瓜粉勾芡，湯汁黏稠，裡面也混入需許米篩目與Q圓，和剛好一杓覆上的碎冰。很容易滿足消暑的需求，至於口味品質，我以為「不差但平凡」，但是創意不錯。

我喜歡店家的糖水裡，有層次的桂圓貴氣、蜜芋與湯圓的綿糯

當這味甜湯移植到了細緻講究的府城，必然要有「華麗的變身」，阿卿綠豆饌就是這般的重新詮釋者。我與它的第一次「相遇」，有個小故事，二〇〇七年七月出刊的《商業周刊》有此描述：「文史工作者王浩一，有回到台南參加一位建築師的派對，席間每一道精心挑選過的小吃，他只要一嚐，便能精準說出，是哪一家的用心之作。獨獨有一道綠豆仁加桂圓湯勾芡過的『綠豆饌』，讓他破了功。他怎麼嚐，就是想不起是哪一家。」這真的是一次有趣的經驗，「猜猜哪一家」測驗，最後敗於阿卿的綠豆饌，這是我的「美食挫敗」，不打不相識，很高興因此認識了「甜點新味道」。記者把我的經驗當是文章的第一段，甚有意思。那天晚上的小遊戲，也逗樂了當天出席的來賓。文章刊出，算是餘興節目後的花絮。

除了綠豆饌之外，裡面多了有貴氣的龍眼乾，

細膩綿軟的蜜芋頭是府城的美食指標，也有福州菜密碼

也有「蜜芋頭」——這是府城小吃的強項，熬燉出略帶黏牙「蜜芋頭」芋香飽滿，吃法：請不要「秀氣」地用湯匙切成適口小塊，請直接用門牙咬下切塊，讓整個芋頭的香氣，同時飽滿鼻腔，這是最奢侈的正確品食蜜芋頭方法。

特別介紹糖水，「糖水」是用冰糖、黑糖及二號白砂糖，過炒後才能以滾水沖入，製成糖水。你也可以加入湯圓（府城酷愛湯圓的糯嚼口感，許多甜湯都會加入），柔軟綿勁，讓一口綠豆饌的豐富內餡，多了層次。我不建議加紅豆泥，因為紅豆味道過於醇厚鮮明，會蓋過綠豆饌的清新味道。

—阿卿傳統飲品、冰品—

台南市中西區保安路82號

06—226—2799

李仔鹹湯。

第八堂

濃汁鎮冰果香清甜，沁涼足以忘暑的私房飲料

台灣的水果成就舉世聞名，可是在清領時期，盛產的水果無法冷藏，先民們總以不同的方式來儲存不同的果子，有鹽漬，有糖煮，有曬乾，也有複合式的。因為早年的水果尚未經過「基因改良」或是「優質量植」，不少仍保有原始的酸澀口感，所以先民在後製過程之中，總有一些聰明的方法改善它，更延長了存放的時間。這是冰箱尚未發明前，先民的智慧。

攤前排開森列的玻璃高罐，裝各種蜜餞，果香盡在冰水裡

「蜜桃香」創立於一九四三年，是府城眾多好吃的醃漬果汁冷飲店之一。門口攤架上，有許多高柱玻璃罐，這些罐子裡有著五顏六色的各種芒果乾、李鹹、醃果乾等等，都是自家醃製，乾濕都有，可做成蜜果冰，內用外帶皆可。府城傳統把這種飲料店廣義稱為「楊桃湯」，但其實有多達十多種的配料選擇，而且可以客製化交叉組合，調出自己獨有口味。

「楊桃汁」以乾隆時期引進台灣的製作法，楊桃尚未熟透前，有飽滿的果香，但是酸度甚高。店家以古法清洗，去皮，切片，再以一層粗鹽一層楊桃片交錯入缸醃漬，大約半年光景，取出退鹽，加糖重新醃漬。如果是要醃漬另一種清喉潤聲的「重鹹酸楊桃」，工續和時間則又不同了。最後，濃汁稀釋，鎮冰，果香清甜，入喉後才感覺兩顎微微酸。

「鳳梨汁」則是選用土鳳梨，說它「土」其實是謬誤，鳳梨不是台灣原生種，光復後鳳梨品種有新引進者，合適當切片水果直接入口。至於當年又酸又多纖維的土鳳梨，卻是適宜與糖水熬煮約兩個小時，把酸汁煮到湯水裡，而把甜度反蜜到鳳梨的果肉中，所以湯汁顯得鳳梨味十足，而蜜香的鮮黃鳳梨果肉，咀嚼爽脆，非常適口，讓人喜歡。尤其湯汁冰涼後，以吸管飲啜足以忘暑。

使用的李鹹、李仔、梅仔、芒果乾等都選自以製作蜜餞聞名的員林百果山。乾乾的李鹹以糖水加熱煮過，俟其變成軟心未爛之時即可（府城人則喜歡將此李鹹切片充當小番茄的夾心，超級美味）。至於我喜歡的口味：將煮過的酸糖汁與李鹹加入碎冰，另外要求酌量加一點楊桃汁，沁涼透心，而且風味更有層次，這是我的私房飲料。

蜜桃香店
台南市中西區青年路71號
06－228－4228

劉家楊桃湯
台南市中西區北門路一段36號
06－225－1887

林家楊桃湯
台南市中西區 保安路76號
06－228－1960

楊哥楊桃湯
台南市中西區西門路二段333巷8號
06－211－2046

綠豆湯。

第九堂
尋常夏天庶民甜品，依然有大明星

綠豆古稱「文豆」，又名青小豆，蝶形花科，豇豆屬植物，應為唐朝時由印度傳入中國。元朝時，祖先們已經知道把綠豆磨粉當成麵材，即是今天我們稱呼的「細粉」或是「冬粉」。日本人也喜歡吃冬粉，還給它取了個美美的名字「春雨」。

綠豆為中國人千年常用食物，有帶皮的綠豆煮的湯（綠豆湯），也有和大米煮成的粥（綠豆粥），還有研磨成粉加糖可做成甜食綠豆糕。綠豆也可做為菜蔬，民間多用以做成綠豆芽。

永遠搞不懂，府城人習慣在綠豆湯裡，為何添加耐嚼的粉角？

綠豆，被明代藥物學家李時珍稱讚它是「食中要物，菜中佳蔬，真濟世之良穀也」。做為「濟世良穀」的食品，可製作成豆粥、豆飯、豆湯、豆酒、豆粉、豆糕等，「常食之，功效不可備述」。按《本草綱目》介紹，煮食綠豆可消腫下氣，清熱解毒，消暑止渴，調和五臟，安精神，補元氣，潤皮膚。綠豆有清熱、解暑、利尿等作用。清熱之功在皮，解毒之功在肉，綠豆是一種解藥，所以「服藥者，不吃綠豆」。

府城臥虎藏龍的綠豆湯店不少，口味的差異度甚大，豆身軟硬不同，湯汁濃稀相異，豆香品種有別。其中有兩大家：阿美「石家」綠豆湯與慶中街「郭家」綠豆湯，我欣賞阿美的濃郁香醇的湯汁，也欣賞郭家的綿韌悠揚的豆仁。曾經想過如果一天將這兩家的長處，調在一碗之中，會不會成了「宇宙一品綠豆湯」？

郭家的綠豆選用澳洲產的，理由是豆仁密實綿順，味道濃郁不腥燥，香甜鬆軟中帶有勁道，湯汁濃而不濁、甜而不膩、口味柔細、淡淡豆香，溫文入喉，齒沁涼。郭家淘洗豆子的步驟也要講究，砂糖的熬漿、水量的多寡、火候的控制到湯色的濃淡、甜度的適中等等。可見一碗簡單的綠豆湯，其實不簡單。

阿美的冰鎮綠豆湯，除了挑選上等綠豆外，還將部分綠豆磨粉，「文火炒過」加入湯汁之中，所以會覺得湯汁裡隱隱有花生香。阿美採用「少水小火豆粒湯汁分離法」，大鍋內水不要多，當水煮沸後，所有綠豆擠在一起繼續用小火熬煮，不要讓綠豆在一鍋子的湯汁中有機會翻滾，因為這樣容易破皮導致糜爛，因此阿美綠豆顆粒飽滿肥碩，完整無缺，看得到殼吃起來卻沒有殼感，

呈現綠金黃的豆子，口感類似番薯，與他家的綠豆湯不同。咀嚼起來具有紮實感，入口又覺得軟軟綿密。

—郭家綠豆湯店—
台南市中西區慶中街16號
06—213—7868

—石家阿美綠豆湯店—
台南市北區西門路三段64號
06—222—1851

第十堂

原始豆香口感滑嫩，純純古早味冷熱皆宜

《本草綱目》記錄「豆腐之法，始於漢淮南王劉安」，而豆花也同樣在兩千多年同時發創的。但是，台灣街坊出現豆花時代卻非常遲，直到一九四九年，國民政府遷至台灣時，才由粵東的榮民首先在台灣各地，沿街販賣這項家鄉口味。

由於豆花製作技術及成本要求都不高，五、六十年前，台南在全盛時期即有上百餘攤的豆花小販沿街叫賣，小朋友看到賣豆花的，總是打趣地喊著「豆花，車倒擔，一碗兩角半」童謠。當時豆

細膩如美人玉膚的豆花，豆香盈盈，文火煉出的糖水如蜜

花迅速地融入台南小吃中，成為府城生活庶民記憶中不可或缺的一部分。

光復初期，豆花都以硬木製成的木桶裝盛著，然後再與其他像紅糖汁罐、寬口碗公、鋁湯匙等餐具裝入兩個木箱裡，加上一根扁擔，便是踩街叫賣的一身家當。後來，改了鐵鍋裝盛豆花後，更在鐵鍋與外側的檜木製木桶之間空隙，添加了粗糠與稻米的穀殼當是保溫器材，像是今天的保麗龍，甚至也當是避震器，防止豆花在搬運過程中碎散了，這些都是先民的生活智慧。

位於玉皇宮附近的陳家傳統豆花，「豆花伯」陳志城創業於一九五七年，選用碩大平滑、米黃色的黃豆，以靜置在水缸一整天的「靜水」浸泡一夜，磨漿，過濾，在攪拌漩渦中加入「鹽滷」和番薯粉，使其快速均勻混合，靜置五分鐘後，鍋中豆漿即凝成豆花。如果將豆花盛好入碗，細膩滑溜，再如岩頁片般的切劃開來，淋上紅糖汁即可。微微晃動，碗裡片片豆花就自然地往一旁滑落，視覺效果好極了。冬天時，他家的熱豆花可添加老薑熬煮的薑汁，暖和整個胃。

水仙宮附近的「修安手工豆花」，豆香醇郁，滑順綿軟，光澤動人。其技法傳自豆花伯仔洪鴻波，老人家嚴謹的手工豆花，讓廣東汕頭自家的傳統味走入府城。先將黃豆浸泡，依品種與季節氣溫約四至八小時不等，黃豆吸飽水分後，換新鮮的水再度洗淨，再加以打漿，生豆漿裝入白布袋，費力地翻動布袋也同時濾渣。過濾後入鍋煮滾，這時成了濃郁的鮮豆漿。俟等降溫至攝氏九十度時，進行「沖豆花」步驟，一邊攪動豆漿，一邊沖入已經放置粉狀凝固劑「鹽滷」的白鐵桶子，靜置十至十五分鐘即成。用特有的豆花專用平勺，一薄片一薄片「削」起豆花片，疊放入碗，淋上糖汁即可。

今天第二代傳人謝明融，也學著洪老師傅擔著老式豆花擔，在府城大街小巷叫賣，成了懷舊風景。口感滑嫩，純純古早味的感覺，充滿純粹豆香的享受。「修安」豆香溢鼙，紅糖煉製的糖水樸甜不膩。

|修安手工豆花|

台南市中西區國華街三段157號

06－226－1069

|陳家手工豆花|

台南市北區北忠街176號

06－224－1474

薑糖番茄。

第十一堂

蘸一點海山醬，享受甜甜鹹鹹的經典醇厚滋味

番茄小典故：原產於南美洲的祕魯，歐洲人在發現新大陸之後，見識到這種美麗的農作物，按照當地土語，稱為「Tomato」。由於過去歐洲人認為美麗的農作物都有毒，大家都不敢吃，僅僅當是觀賞植物。十八世紀，才開始做為蔬菜在南歐種植，義大利人視其具有增強性功能的作用，稱它是「愛情蘋果」Love Apple，可是依然以為番茄有毒，得花上幾個鐘頭烹煮，他們認為經長時間烹煮，才會消除番茄中的毒性。這是兩百年前的錯誤知識，有趣的是，義大利

番茄原產於中南美洲，大航海時代引進歐洲，被稱為愛的蘋果

麵的紅醬佐料，就是這種誤會之下被創作出來的美食。

其實，番茄早在大航海時代已經傳入中國，因其來自美洲，為紅番（印第安人）所食用，又為茄類，故按「華人思維傳統」命名為「番茄」。荷蘭據台時期，南台灣已有番茄，百姓喜歡它的酸甜味，叫它為「柑仔蜜」；北台灣百姓不喜歡它，以其植株尾梢常分泌一些臭液體，而稱之為「臭柿仔」，直到日治時期日人再度引進番茄，鼓勵人們食用，我們也學著日語稱之「托瑪多」（トマト）。

府城人早年不習慣直接就食番茄鮮果，反而以「薑糖番茄」形式食用，到了日治時期街坊有了水果攤，更將此飲食文化推廣到南台灣其他地區。今天鮮少到南台灣的北部客，初嚐此物，可能會被這個「有甘草粉、老薑泥、細白糖的醬油膏」美味「嚇到」。特別註明，番茄的著時是冬季，此時的番茄最是汁鮮味甜。

今日府城的眾多水果店家依然興旺，他們也都有「薑糖蘸醬」番茄切片販售，頗受歡迎。但是醬料多是自家調製，口感沒有相似者。像「冰鄉」吳茂雄夫婦用料如此精心講究的倒是不多。其以糯米粉熬煮的不傳醬油蘸料，醇厚微鹹，內有新鮮老薑泥、中藥店買來的高品質甘草粉，還有的就是大量的白糖細粉。這種甜甜鹹鹹的糯米醬油蘸料，府城人統稱「海山醬」，海是鹽，山是糖。半熟略紅的番茄蘸著攪拌均勻的濃稠醬汁，經典美味。

一冰鄉水果店一
台南市中西區民生路一段160號
06－223－4427

鳳梨酥。

第十二堂
餡香甜不膩，皮酥綿爽口，風靡海內外的國民點心

鳳梨的名字，先民稱「番梨」，原產南美洲的中部，就是巴西、玻利維亞和巴拉圭三國所在地。哥倫布發現新大陸的時候，鳳梨已由加勒比海居民帶回中南美洲西印度群島種植，傳播到中美和南美各地，包括加勒比海的島嶼。鳳梨是由哥倫布在第二次航海到加勒比海時把它帶回歐洲。西班牙人把它帶到菲律賓呂宋、夏威夷、印度與中南半島，又從中南半島由陸路進入中國廣東，那時稱之為「波蜜」。

鳳梨在台灣是奇蹟，世界各國栽種者眾，卻無此蜜甜腴香

鳳梨引進中國之時，已是明末清初，明代藥物學家李時珍《本草綱目》來不及介紹。台灣倒是引進的時間早於中國，就是稱之番梨的時代。荷蘭人將其種植在台南，這是「土鳳梨」的由來，個小又酸，果肉深黃，絕非如今日「金鑽鳳梨」果實大、肉質軟、多汁、味甜香濃，非常適合鮮食。番梨雖然不宜鮮食，先民也是厲害的，將番梨煮成適口的鳳梨湯，大量的糖加入湯水，一起熬煮，把甜味逼進了鳳梨果肉裡，酸味則進了湯汁中，成了皆大歡喜的蜜餞果汁。

在東市場口的阿美，她是傳奇女子，從烹飪素人變成府城美食名人，這個故事是動人的。想想，二十多年前，在市場謀生，她自己東學西仿賣著紅豆餅、肉羹、鹹粿炸、蚵嗲等等，摸索口味，接著改賣魯麵，豪氣的大塊赤肉與料多鮮美的羹汁，終於獲得好評。之後參加了市政府建教合作的烘焙班，開啟了阿美的視野，自此自我訓練了一年，把學來的鳳梨酥製作技藝精益求精，研發內餡比例，終於在手提袋上秀出「餡香甜不膩，皮酥綿爽口」。確實，阿美的鳳梨酥，令人驚豔，即使今天台灣鳳梨酥名店不少，達人如雲，阿美的鳳梨酥仍是令人懷念，滋味領先。

美名要實至名歸，首先真材實料，酥皮製作的部分，先加入頂極的紐西蘭安佳奶油，接著白糖粉與安佳奶粉一齊攪勻，再和大量鮮雞蛋快速攪拌成稠狀物，最後加入篩過的低筋麵粉，以揉麵團的方式把所有混料繼續搓揉均勻……這就是酥皮。

鳳梨酥的餡料，並不是全然是鳳梨，鳳梨只占百分四十，其他是冬瓜泥（這是我喜歡的部分，全是鳳梨的口感層次，是差了些）與麥芽糖等等。

如果額外增有鹹鴨蛋黃的，稱之「鳳黃酥」，挺美的名字。酥皮裹包餡球後，再塞到方正的模型裡，一百零四顆排列在烤盤裡，兩大烤盤進入烤箱，烘焙時間比其他店家多了一倍，大約五十分鐘，為的是要多增焙其他的四個側面，讓整個酥餅色澤金黃之外，更乾酥、更香腴，可延長置放期，美味像每天現做的一樣酥香適口。

一阿美鳳梨酥鋪一

台南市中西區民權路一段88號（東菜市口）

06－226－9102

學分六——限季或限量，買不到，也快樂！

因為手工生產數量有限，所以限量；因為生產季節要符合「著時」，所以限季；因為小攤出現時間神出鬼沒，所以買不到。

橘逾淮而為枳，說的是：指同樣的東西會因為環境的變化而有所改變，美食亦然。食材季節不對，味道就沒那麼到位；東西制式化生產，數量泛濫成災，當然沒有物以稀為貴的感受。

我們來說說成語「橘化為枳」的故事：這是春秋時代「晏子使楚」故事。晏子原名晏嬰，他是齊景公的宰相，著名的政治家。一次，他出使楚國，楚王和群臣預謀要當面挫挫齊國來的晏嬰的銳氣。晏子抵達當日，楚王設宴接風「歡迎」這位顯赫使臣。酒宴中，兩個官員押著被捆綁的人走到楚王面前道：「他是齊國人，犯了盜竊罪呀！」

楚王以輕蔑目光看了看晏嬰說：「怎麼？齊國人生來就愛偷竊他人之物？」晏

子沉穩答道：「橘生長在淮河以南就是橘子；生長在淮河以北則變枳了。兩種植物本來相同變成不同，這是水土環境相忌造成的呀！此人在齊國不偷盜，到了楚變成盜賊，難道楚國環境培養人們喜愛盜竊嗎？」

台灣是寶島，許多農作物引進之後，反而「枳化為橘」，一些平凡的蔬果，像是棗子、蓮霧、柿子、花生、芭樂等等，台灣的果農、菜農卻能將這些庶民的小平凡變成了小確幸。而店家再以巧思將其烹調得色香味適口，端坐在餐桌前的我們，心懷感激。於是走逛小吃店家，我們欣然就食，讚美濃淡醇腴的表現。是的，面對沒有分店的精采小攤，總有一種情愫迥異於知名連鎖加盟店，不是激賞，也不是驚豔，卻是穩穩當當地「對話」……幸會啊……你們總像是詩人，一步一吟哦，這些美食，都有不一樣的靈魂。

限季或是限量的美食，屏除商人操作的心理策略，有時，買不到也是一種快樂！

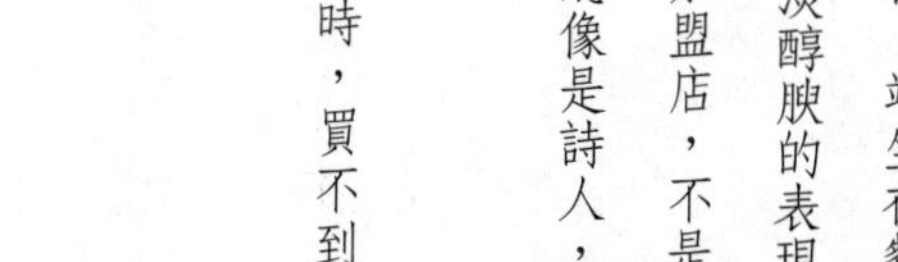

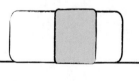

臭豆腐。

第一堂
那一口口均酥巧脆，在大街小巷飄香

在每個小鎮熱鬧街頭，總有讓人魂夢相繫的臭豆腐攤，一段六十年的台灣臭豆腐史，算是能量驚人了。關於臭豆腐，是大江南北外省人來台之後，漸漸深入台灣人的脾胃，尤其午後，更是難當其獨具風格的香味。

府城老街深巷裡當然有不少的臭豆腐攤，這些紹興口味的小攤，散置四處。其中最讓府城老饕膾炙人口的屬「開山路無名臭豆腐」，稱無名，

流行六十年的美食，偏酸的泡菜總是成了向老闆爭取的目標

那是因為小攤上沒有識別招牌，內行人則稱他「福來伯」。許多人稱他「非常神祕的一攤臭豆腐攤，因為常搬家，想吃它一切全都要靠運氣」。最早，阿伯是在開山路與樹林街路口擺攤；之前，阿伯多出現在開山路與府城路交口小七的店前，一陣子在城隍街（因為小七已經不讓他擺攤）、「浪跡天涯」後現在回到開山路與府城路交口，只不過到了對街，遙對鄭成功騎馬石雕。

臭豆腐的傳說：康熙八年，安徽舉人王致和，赴京趕考，結果名落孫山。閑居在會館，準備下期仍有一段時日的考試，盤纏將盡。於是，將老家豆腐坊的本事拿出來，賺些生活費，但是並不是每天都可以將新鮮豆腐賣罄，又不捨丟棄，於是切塊日曬後加些鹽巴，放入甕缸醃製，再把甕缸塞入床底。因為忙著讀書也就忘了此事，久久想起後，豆腐已經變成青灰色的「臭」豆腐乳，嚐吃了一些，發現味道濃郁，雖非美味佳餚，卻也耐人尋味。

王致和再一次名落孫山之後，決定棄學經商，開店「南醬園」專賣臭豆腐。幾度研發，王致和以優質黃豆為原料，經過泡豆、磨漿、濾漿、點鹵、前發酵、醃製、後發酵等多道工續，終於成功開發了以蛋白的霉菌分解大豆蛋白質，形成富含氨基酸的臭豆腐，味道鮮美的製作流程。一天，康熙也嚐鮮，在吃了王致和「南醬園」所晉奉的臭豆腐後，豪情大發，揮筆題下「青方」二字，使得這個方形又略帶灰青色美食「臭豆腐」從此名揚天下，晉升為中國料理的美食基因。

說神出鬼沒，就是說這一攤臭豆腐，「福來伯」大都單槍匹馬，聞香而來的人群，總站滿小攤四周，他卻依然有條不紊，先下鍋炸六分熟，再取出分切四塊，又是下鍋，讓適口大小的豆腐塊六面，均酥巧脆。台式高麗泡菜給得大方，味道在爽脆之外的酸香表現不俗。至於蘸醬有醬油、辣椒醬、香油、白醋等，一一酌量加入，穩然不燥，在旁慢慢等著（常常要很久），我總也如此觀賞他一番順暢的節奏。

「福來伯臭豆腐攤」

台南市中西區開山路與城隍街等地巡迴

玉荷包清冰。

第二堂

玉液乍凝仙掌露，絳苞初結水晶丸

端午節前後，玉荷包正是豐收之際。也宣示盛夏的到來，從此暑溽的長夏已經在南台灣徘徊不去。我不耐熱，總以為苦。可是自從知曉可以在此當下大啖荔枝，接著狂吃芒果，再來則是龍眼滿坑滿谷，夏天成了我的期待。

關於荔枝，品種甚多，其中味道以玉荷苞和糯米糍味道最優；桂味及淮荔，這兩種果皮顏色則是最鮮豔美觀；黑葉仔產量最多。荔枝成熟期自四月下旬至八月上旬，不同栽培地區對荔枝品

端午節前後，高雄大樹區的玉荷包成了夏季水果發語詞

種的選擇有不同的考量，氣候、土壤、水系灌溉都是因素。高屏地區山坡地可種植早熟的品種，所以嬌嫩多汁的「玉荷包」成了高屏地區的首選，冬天新梢停止生長，二月是花芽分化期，春分時期開花，端午時期採收。

又名「妃子笑」的玉荷包，產期約是二十天，果肉如玉，Q彈結實而核小，汁液豐滿，甜度高達二十度以上，尤其它那優雅的鮮香，不易言傳卻又令人聯想楊貴妃的紅顏顰笑。一種水果有此美譽，確實難得。我較喜歡宋徽宗形容的「玉液乍凝仙掌露，絳苞初結水晶丸」，晶瑩剔透之中帶有迷人的優雅清香。

在府城，就單單一家有這令人魂夢的冰品，民生路「冰鄉」獨家的「玉荷包清冰」，限季限量，上市約是兩個星期的賞味期，錯過了，再等一年。

清冰，即是剉冰成一盤掌中的剔透小小富士山，再淋上以紅砂與冰糖熬煮的雅韻糖水。糖水，這事茲事體大，許多店家的糖水熬得馬虎，略焦、過膩、單調，這些不當的小細節往往糟蹋了美食。

說完糖水，回頭再說說冰鄉的「玉荷包清冰」，冰山頂上單單擺上一顆晶瑩去殼的圓滾滾玉荷包，先吃了它，算是開胃，當然意猶未盡。再吃上幾口甜味清冰，往下挖，神奇的是剉冰底下藏著滿滿的去殼珠圓凝玉的玉荷包，每一次這樣品食，總是驚喜。

第一年賣荔枝冰是偶然，第二年則是「被迫的」，應粉絲要求，第三年業績成長了五倍。明年夏天，再度端出荔枝冰，因為書本寫了他，應該說災難吧，請大家屆時多多包涵，一定要等很久。

一冰鄉冰果店一

台南市中西區民生路一段160號

06—223—4427

蝦仁笹壽司。

第三堂 儀式般的隱藏珍品，排隊請早

府城街頭壽司小店，人們稱所賣的是「壽司仔」，有親切和陽春的意思！

日本料理店，總讓人有高級感（另外用詞是貴森森），細節甚多也講究，許多人去過這種餐廳，享受這種和風雅食。但一些小常識總不甚清楚，我們先來說說這些。首先，你曾注意過，端上桌的生魚片是奇數、壽司是偶數？那是因為《易經》裡，魚是陰物，所以要提供陽數（奇數是陽數，偶數則

一爿壽司路邊小店，我問為何要如此厚工？他說是回餽

是陰數），有陰陽相濟的意思；至於捲壽司的製作多是長條狀，要對切、對切再對切，是二的倍數，所以是偶數呈現。

至於醬油與芥末的關係？先說忌諱：絕對不要把芥末放入醬油碟裡攪渾了！挾起生魚片輕蘸醬油，或是以筷子尖沾起醬油，拍附著在生魚片上，再酌量把芥末抹在生魚片上的醬油處，一次入口。握壽司也是這般動作，如果是握壽司則鼓勵用手食用，入口時，生魚片的上端反置在舌上，讓味蕾充分與各種生魚片親密接觸，輕輕咀嚼，享受飯香脂腴與醬油芥末交乳的美味。我們回來說說庶民壽司仔。

離台灣文學館不遠的「惠比壽」壽司仔，府城頗負盛名的壽司小店，精湛的手藝與新鮮食材的組合一直受到好評，是府城十大要排隊的小吃之一。「花卷壽司」有鰻魚、蝦、煎蛋條、瓢瓜、香菇、魚鬆等，捲成後。再分別滾沾蝦卵、海苔粉或是柴魚粉，內容一樣，外觀呈現三個美麗的顏色。「稻荷壽司」就是豆腐皮壽司，軟嫩適口，講究的是「一口悶」，就是一次一大口，將齒頰間填得滿滿，唯其如此，飯香與豆香才能完全相融，不留一絲縫隙，那濃香的滋味無處可逃。

然而除了我喜歡的「鮭魚卷」之外，還有「蝦仁笹壽司」，午餐、晚餐各限量兩小箱。我想，許多老主顧可能都不知道店家「偷偷賣」此「儀式般的珍品」。真相是：如果沒有排隊在前兩位，大概見都沒見過，便售罄了。笹壽司又稱之「押し壽司」，是以長型小木箱（押箱）輔助，先把配料鋪在押箱的最底層，再填放米飯，然後用力把箱的蓋子壓下去。做成的壽司會變成四方形，最後切成一口塊。此笹壽司與散壽司、捲壽司，握壽司完全不同口味，值得覺悟「排隊得早」的真理——早起的鳥有蟲吃。

一惠比壽壽司店一
台南市中西區開山路5號
06—222—9991

大白柚汁。

第四堂
香韻悠遠，
台南深秋的成熟柔軟甘甜風味

康熙年間的一六九四年，台灣的大歷史：台北盆地發生七級大地震，結果台北盆地的基隆河下游多處土地瞬間液化，產生了深達四公尺，面積超過三十平方公里的「台北大湖」。同一年《台灣府志》記錄著台灣的小歷史：「柚，實大而皮厚，熟皮黃，其瓣有紅有白，味有甘有酸，人以供佛。」說的是台灣在康熙三十四年的官方紀錄中，已有「紅肉與白肉柚子」，而且先民常當為祭品獻果。

大白柚是霜降節氣的告別作，喝完果汁，之後就是冬天了

關於「柚事」之後的文獻記載，康熙四十年（一七〇一），文旦跨海而來，再由台南縣安定鄉傳入麻豆栽種。故事的背景，鄭克塽投降後，台灣進入清領時期，因為施琅是漳州人，漳州的蜜柚也跟著陸續而來的漳州移民到了台灣。在明、清朝代進貢給皇上的蜜柚，到了台灣，我們習慣稱之「文旦」。麻豆文旦確實好吃，一路下來前後也在台灣紅了三百年。可是，「外行人吃文旦，內行人品白柚」究竟是什麼意思？白柚是什麼？大白柚又怎麼回事？

柚子屬芸香科柑橘類，個子一般都像手球。可是碩大渾圓的大白柚，重量可達四斤，大約像躲避球，甚至比排球還大。話說大白柚故事：也就是道光六年（一八二六），有一位麻豆果農陳丁通，他所栽種的白柚苗發生變異，所結成的白柚更大更甜。一九〇四年，鄉人陳自西分苗栽植並且大力推廣。到了一九二〇年，當年是日治的大正九年，一位日本柑橘栽植專家、士林園藝試驗分所的技師島田彌市，到麻豆研究此種白柚，並且由馬來半島的新加坡引進新種白柚進行交叉改良，努力幾年後，終於去苦存甜，奠定柔軟甘甜多汁微微酸的風味。一九二七年，正式稱之「麻豆白柚」，這種大白柚成熟期為十下旬至十一月，有獨豎一幟成熟魅力，較之文旦甜潤口味，更是豐富多多。

中秋要吃文旦，但是大白柚採收時機，則晚了許多，介於「寒露」到「霜降」節氣之間，這是由秋轉冬，寒氣變重的季節。「喝過寒露水的大白柚比較好吃」，說得也是這個道理。在阿嬤年代，人們會沾鹽吃以增加甜度，而且可以預防感冒，真相是：超高含量的維他命C。

至於府前路的莉莉水果店，太經典有名了，店主李文雄是台南文史的重要推手之一。近年，我喝了莉莉的紅文旦汁與大白柚汁，驚喜！特有的甘甜適口的柚香果汁中，帶有微微柚酸和輕輕柚苦，層次分明，香韻悠遠。如此深秋初冬的季節才有「限季府城」，精采的華麗美味，想想也只有這個城市的人們懂得。如此神奇大地的味道，莉莉獨創用果汁的方式演繹，我說「這個味道很台南！」

│莉莉冰果店│
台南市中西區府前路一段199號
06─213─7522

玉井絕品芒果乾。

第五堂

保留在欉紅的果香酸甜與汁潤氣的人間極品

芒果小歷史：在台灣我們最親切的「土檨仔」，並不是台灣的原生種，遠在鄭成功來台之前的荷蘭人，從印度引進南台灣，因為時間久遠而且適合的生長環境與氣候，可能許多人都不知道「土檨仔」原來是個印度阿三。台灣另外兩種常見的芒果品種，其一是美國引進的紅皮系列，如「愛文」、「凱特」等。其二是農業改良成果，黃皮碩大的「金煌」為代表性品種。但是，大玉井地區的果農近二十年陸續自行研發新式芒果。我曾走訪玉井，在盛產芒果季節，街頭與市場充

到玉井小鎮走訪芒果世界，整座山稱之「愛文山」

滿小農自己販售的「新芒果」，我曾經一天內看過二十多種，口味、香氣、顏色、個頭迴異的「未來芒果」，真是驚人。

回來說說讓我夜半夢迴的「３３產銷班」芒果乾。畢業於台大商學系的玉井人賴永坤，在台北工作多年之後，夫妻倆回到故鄉，想幫務農的老爸一些農事，沒想到剛好遇到農委會與農會正積極輔導農民轉型為食品加工，那是一次嶄新的機會。笑著說自己是「憨膽」的都市上班族賴永坤，就與一群人成立了「３３產銷班」，他是班長，可是三年來經驗不足品質不好，沒賺錢，許多同伴都打退堂鼓了。但是，成功屬於堅持到最後的人，賴班長以當地古早法加上新時代的生產設備與概念，終於研發出香醇「帶有汁潤氣的芒果乾」，厚厚的，又大片的人間美味終於問世。

製作果乾的芒果不需要外觀美，也不需個頭大，這種不大不小的最好吃。玉井芒果之所以好吃還有一個道理，就是果農讓芒果在枝頭等著它熟，這樣的「在欉紅」生產方式成本高，但是果香、甜度、酸味最美好。如果選用種在南坡向陽的果樹長成的，大量照射南台灣炙熱陽光，那是芒果的極品。

芒果去皮後，一把彎刀把整顆芒果切分成三大片，厚沉沉的果肉讓人覺得誠意十足，接著籃子裡一層果肉一層砂糖輪流交疊，再放入冰箱冷藏，讓微生物產生酵素功能，軟化芒果纖維（這是讓口感韌軟合宜，而且不會有芒果長纖卡在齒縫之間）。兩天後，以中低溫的烤箱烘焙兩整天（有些產銷班會用九十度高溫烘烤，時間縮短了一天，顏色更美，外型又不會扭曲，但是口感差多了）。之後，再以溫風吹乾外表，保存封住芒果乾裡面的濕潤……這是最美好的口感。當你咀嚼品嚐，欣賞完美的口感後，你才會驚覺，哦，原來以前吃的菲律賓芒果乾，根本就是柴硬的芒果蜜餞罷了！（註：二十年前台灣的芒果乾多從菲律賓進口）

一蜜旺果鋪一

台南市玉井區中正路100巷113號

06—574—7527

芒果冰與芒果牛奶。

第六堂
甜酸香涼層次有力，用三重奏比擬的味平衡

「和三盆」是一種日本高度受到讚譽的黑砂糖，色澤淡黃而顆粒勻細，擁有獨特的甘潤甜美，完全手工搓揉提煉，製程前後一星期以上，最後，天然乾燥後才算完成。「三盆」之名來自其製作厚工與技藝，「盂蘭盆會上三度研磨砂糖」，這個帶有宗教儀式又嚴謹以「時間」製作的「最高級象徵」，我曾經品食過，加在紅茶之中，香醇甘美，甜香味道平衡。我讚歎它，這是美食的「味平衡」完美境界！

當冰鄉的芒果冰成了網路票選第一，我開始擔心明年怎麼辦

台灣沒有如此純粹孤絕的糖品，但是，在府城小吃中有極度講究「味平衡」者，有的在湯頭裡隱隱表現，有的在冰品裡的三色糖汁中。這裡，我先說說「木瓜牛奶」故事：話說台灣最早牛乳與水果攪混的果汁牛奶是「木瓜牛奶」，約是四十多年前，南台灣木瓜開始有計劃栽種，產量斗升。在高雄有人嘗試木瓜與牛乳在果汁機混成果汁，顏色淡黃好看，口感濃郁綿滑，帶著木瓜淡淡的甜香，自然清新的味道一點都不甜膩，成了廣受歡迎的一種飲料。一九六六年創店的高雄木瓜牛奶大王，三十多年前，年輕的我還曾經去「朝聖」過呢。

之後，台灣有了酪梨牛奶、香蕉牛奶、西瓜牛奶和芒果牛奶……如果你以為「芒果牛奶」與「木瓜牛奶」一樣，單純挑選好水果與香醇牛奶即可攪拌出濃醇好喝飲料，部分答案是對的！每年夏天芒果開始「著時」，產量又多，味道又香醇之際，市面的冰果店都會提供好喝的芒果牛奶和芒果牛奶冰。

可是剛剛談到的「味平衡」，那些市面的好喝程度卻是不足的。民生路的「冰鄉」則是選用三種迥異的芒果口感，像是弦樂四重奏組合：七分愛文芒果，這是提供果汁的特有甜度，像是「中音優雅的中提琴」；二分的金煌芒果，這是提供果汁裡「兩把高低位旋律的小提琴」酸度；一分的香樣芒果，則是提供果汁的迷人香氣，我是比擬「低音個性十足的大提琴」的。如果單吃芒果切片，愛文有令人讚不絕口的香甜，金煌則是甜中有酸氣的小個性，香樣擁有過度的濃郁果香。「冰鄉」完成了三者比例不同的組合，也完成了精采的「甜酸香平衡」。芒果加上醇郁的奶香，這一杯鎮冰的芒果牛奶成了神品，讓我們的味覺，在夏天有了最奢侈的享受。

如果以「五嶽歸來不看山、黃山歸來不看岳」來形容，當是如此。問題是今年夏天，已經有人在臉書說：他去，已經有心理準備，結果排了四個小時才吃得到。明年怎麼辦？

｜冰鄉冰果店｜

台南市中西區民生路一段160號

06－223－4427

手工煎餅。

第七堂
總爺古街的歷史餘味，府城最佳情境美食

這是一爿很有畫面的小鋪，處在昔日繁華古道總爺街（今名崇安街）。漫步在迄今已兩百年歷史的老街，一條比巷子更瘦細的街道，思古幽情。我們來認識老街：這是清代府城人進出大北門的重要通道。也是清代「總鎮署」武官進入「台灣道署」的必經道路。昔日兩邊官宅林立，富甲一方，包括王得祿的祖父，擔任千總時所建的官邸在內。清朝台籍人士獲封最高官位的王得祿，出任總兵時也居住在此，故以「總兵爺」簡稱「總爺」，並當是街名。

連德堂迎來第二春時，我有參與，也擔心太紅了怎麼辦

總爺古街因地處府城鎮北坊，地形起伏不平，古時地形有「尖山」和蜿蜒的德慶溪，德慶溪中段有禾寮港，不遠處即有「水仔尾」入海口。此處防禦不易，故常有盜賊入侵。

所以清領時期，台灣官階最高武官的「總鎮衙」與「右營」、「左營」等皆陳兵於此。總爺古街就是為了防禦盜賊而設計的街道，呈工字形，以阻擋、減緩敵人攻勢。當年的老街，兩旁仍保有一些傳統店屋，可以發現這些殘存的清代屋舍設計並非沿路直線排列，而是一間比一間還退凹，呈鋸齒狀，視覺上可以減緩敵人長驅直入，也可以讓居民倚牆掩蔽增強防守的優勢。當年的街坊功能和形成，可從保存下來的風情，依稀可見。

總爺古街「連得堂」煎餅店名，來自店的創始者兄弟之名，至今已第三代。這是鹹魚翻身的故事：一九九〇年，因不敵大型工廠快速生產的煎餅，連得堂悄然地把烤爐束之壁角，飄香不再。二〇〇一年，為響應「總爺古街古早味」活動所宣揚的文化使命，讓優質古早味傳承脈連，時機剛好碰上「府城文藝復興」熱潮，「連得堂」又重新轉動老味十足的烤爐，再度烘焙出一片片有歷史香味的煎餅。

以麵粉、糖、牛奶、奶油、雞蛋等不摻水拌成漿糊狀，再配以花生或海苔、芝麻，在特製烤爐上烘焙，烤爐上的大圓盤可以旋轉改變位置，「煎仔」隨著位移同時自動翻面。烤成金黃色的熱熱煎餅置放在竹筒片上，自然形成弧形，也形成古早味的記憶。

因為烘焙之際，動感畫面精采，深受電視旅遊節目喜歡，也成了遊客尋幽探訪的小鋪，生意興隆。限制一人僅能選購兩包煎餅也成了話題，好事之徒說什麼「飢餓行銷」——他們想太多了，根本是手工製作數量有限，店家希望來訪者都能品嚐美食，才有此規定。如果你去，不要想幫遠方的朋友買些煎餅，這是情境美食，離開了老街，就少了「思古幽情」，你的朋友不解，感動指數也少了。下次帶他來老街，他會懂。

一連得堂餅家一
台南市北區崇安街54號
06—225—8429

天公豆。

第八堂

從小吃到大的古早味，缺了似乎就少了一些年味

臉書真方便，甲午年結束前夕，貼了幾篇「過年期間的傳統美食」，附上色相十足的照片，瞬間吸引眾多臉友的討論與懷念。「年味」一年不如一年，現況更遠遠不如年幼時，沉靜之際，隱約有悵然。今天的春節，家人一樣團圓，也陪母親走春走大廟，但是在「心態懶散過年」之隙，「懷念舊日子」的心思總是偶爾鑽出「騷動」一下。這不是負面的情緒，我總是「理直氣壯」地「享受懷舊」，我的方法很簡單，只要準備當年喜歡（最好

早年過年三寶：生仁、寸棗、冬瓜糖，至今我依然戀戀生仁

是貪婪的）的甜食即可，「天公豆」就是我的情緒催化劑。

臉書〈天公豆篇〉，我是這麼說的：

在新書《著時》裡的〈在澎湖，花生如金璀璨迷人香〉文章中，有論述過年春節之際，我迷戀的甜點「生仁」。去年過年時，我向台南「信裕軒」老店「抗議」：怎麼今年沒有生仁？果然，老店的應景美食「今年回來了」，真好！老店的東西，還是細節與美味兼具，花生鮮酥，糖霜甜而不膩，咬下，酥脆香酥，年味浮現。

早年台灣的春節，總有甚多各式的甜點美食，像是花生，常被應用在吉祥點心之中，而婚禮「早生貴子」有紅棗、花生、桂圓、瓜子就是例子。荖食中，花生荖就是重要品項之一。早年台灣過年的供品甜食習俗，除了很甜很甜的長條狀冬瓜糖，還有一種花生仁帶皮，再翻滾塗抹上一層厚厚的，粗麄外觀的白色糖霜，稱為「生仁」。美麗的盛器中裝滿一堆白蜜蜜的生仁糖，其中摻有少數粉紅色者，白中有紅真是秀色。這是許多人所緬懷的春節甜點，我的最愛！

製作過程大致如下：花生翻炒的過程中，加入白糖並且不斷地翻攪，讓每一顆花生都能均勻地沾附融化的白色糖漿，整個製程多達一個半小時，全程都得留意火候，以免炒焦，同時注意糖漿太少則味道意猶未盡，太多則舌蕾過膩。這種特有的生仁糖在年節的意義上象徵團圓，同時也有吉祥話「呷甜甜，好過年」的意思。其實，我吃過其他小攤的生仁，糖霜過厚，超甜膩舌，而且花生甚小，味道已經潤化，不但沒有酥脆而且香氣潰散，這可能也是生仁糖漸漸失傳的因素之一。近年又受到牛軋糖的興起，好吃的「天公豆」也不多了，甚憾！

—信裕軒餅鋪—

台南市中西區民族路二段389號

06—228—5606

蒜茸枝。

第九堂
麵香蒜香佐晶瑩白色糖霜，配黑咖啡十分對味

府城人喜歡蒜茸枝，這是泉州的傳統點心。說蒜茸枝，要先提到麻花，湖北以小麻花出名，而天津以生產大麻花而聞名。然而「蒜茸枝」則是更講究的特色小吃。蒜茸枝與麻花的做法大致相同，不同之處在於蒜茸枝在製作的時候多和上了蒜泥，因此在品嚐的時候有股濃濃的蒜香味。其狀似鹿茸，被泉州人稱之「蒜茸枝」。

蒜茸枝的製作一共六個步驟：和麵、搓條、

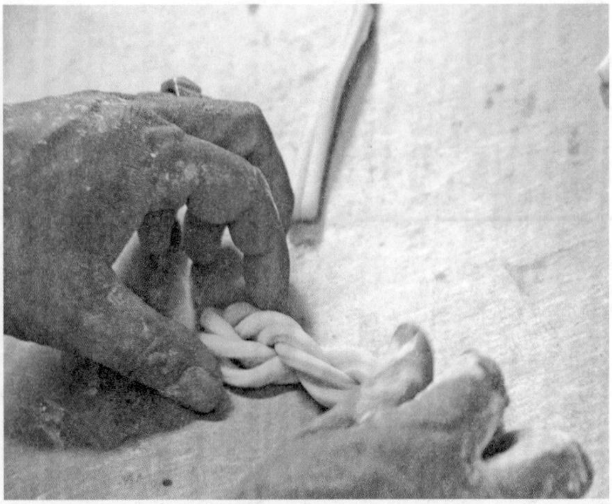

老師傅巧手把麵條往桌上一捲，就成了麻花模樣

下劑、成形、油炸、掛糖霜。和麵：將麵粉放於案板上，加水、白糖，拌勻揉透至面塊光滑時搓成團，蓋上濕布，放置約一小時。接著在麵團上撒些乾燥麵粉，分塊搓成長條、適量摘成若干個劑子，再放置十分鐘，將每一個劑子搓成約二、三十公分長條後，雙手各向相反的方向搓，使細長條捲曲，兩頭對折絞成一股長十公分的細繩子狀，把叉開的兩邊擰成相連，以防油炸時散開。做好的坯枝放入竹匾排好，靜置十分鐘。油炸，炸至金黃色時撈起。

另外製作糖霜：鍋置小火上，將白糖、麥芽糖以三比一比例，放鍋內小火熬煮，煮到透明有黏膜性時熄火，放入適量蒜泥（吃素者，不加蒜泥）。趁著熱鍋熱糖漿，放入炸好的坯枝（需要完全冷卻），翻拌均勻，使坯枝表面都蘸上一層透明的白色糖霜即成。蒜茸枝口感酥脆清香，不

有麵香有蒜味，清甜爽口與咖啡是絕配

膩不黏牙，尺寸輕巧，適口咬下，清甜爽口，些許蒜香和不易察覺的鹹味，油炸麵香也很精采。

或許你不知道，這樣的傳統小點心在府城也有專賣店，隱身在中正路的巷子裡，沒有招牌。時間僅在每年十二月到翌年三月，限季也限量。往中正路一三一巷裡面走（同賣雙全紅茶的巷子）朝友愛街方向前去，不用猶豫，你會先看到幾個竹篩子上曬著一把一把的意麵條，然後就可以看到貨架上一包包蒜茸枝，時間如果對了，還會看到現場油炸秀，趣味，也透著神奇。店家有兩種口味：裹著白糖霜的和沾著黑白芝麻的。我喜歡搭著黑咖啡，佐食古早味。

拍不到冬天中正路巷弄蒜茸枝，我轉向水仙宮市場裡的「寶來香」，約好拍攝「麻花」製程工序，那是我喜歡的府城知名餅鋪老店，隱身傳統

市場卻更接近居民。我問為什麼稱「寶來香」？答案竟是百年前，創業者即是來自福州的「寶來香」，那是傳承，也是尊重。看著師傅以兩根像是烏龍麵條的麵坯，傳奇地在桌面輕搓扭捲，然後把一端捏牢，即成了一隻交錯漂亮的麻花捲，順手，俐落，我連拍了數十張照片都無法搶到好鏡頭，看得我連呼厲害，內心呼喊我也要試試！之後，下鍋油炸，漸漸膨脹，麻花也開始上色，顯得酥黃。師傅在攪動油鍋的同時說：他們家這個麻花捲在冬天真的很受歡迎……。

—無名小鋪—

台南市中西區中正路131巷內（近友愛街口）

—萬川號餅鋪—

台南市中西區民權路一段205號

06—222—3234

—寶來香餅鋪—

台南市中西區神農街8號（水仙宮市場內）

06—227—6886

—新玉香餅鋪—

台南市安定區蘇林里205號

06—592—2716

蒜茸枝：麵香蒜香佐晶瑩白色糖霜，配黑咖啡十分對味

看世界的方法 094

小吃研究所

帶著筷子來府城上課—上冊

文字・攝影　王浩一

封面插畫　林家棟
美術設計　吳佳璘
責任編輯　林煜幃

董事長　林明燕
副董事長　林良珀
藝術總監　黃寶萍
執行顧問　謝恩仁

總經理兼總編輯　許悔之
經理兼主編　林煜幃
財務暨研發主任　李曙辛
行銷企劃　石筱珮
編輯　施彥如
助理美術設計　吳佳璘

策略顧問　黃惠美・郭旭原・郭思敏・郭孟君
顧問　林子敬・詹德茂・謝恩仁・林志隆
法律顧問　國際通商法律事務所／邵瓊慧律師

出版　有鹿文化事業有限公司
地址　台北市大安區濟南路三段28號7樓
電話　02-2772-7788
傳真　02-2711-2333
網址　www.uniqueroute.com
電子信箱　service@uniqueroute.com

總經銷　紅螞蟻圖書有限公司
地址　台北市內湖區舊宗路二段121巷19號
電話　02-2795-3656
傳真　02-2795-4100
網址　www.e-redant.com

ISBN：978-986-92020-4-6
初版：2015年10月

定價：360元

國家圖書館出版品預行編目(CIP)資料

小吃研究所：帶著筷子來府城上課／王浩一著．
—初版．— 臺北市：有鹿文化，2015.10
面；公分．—(看世界的方法；94-95)
ISBN 978-986-92020-4-6 (上冊：平裝)
ISBN 978-986-92020-5-3 (下冊：平裝)
1. 飲食風俗　3. 臺南市
538.7833　　104017499